KB215140

10살 때부터 새벽미사 복사를 맡아놓고 했었어요.
캄캄한 새벽에 인도로 다니기가 무서워 전찻길 가운데로 걸어서
성당에 갔지요. 그래도 너무 무서웠는데 하루도 안 빠지고
새벽미사 복사를 서는 게 대견했던지 신부님이 꽤 큰 십자가를
상으로 주셨지요.

그 십자가를 목에 걸고 '나도 주교님이다! 마귀가 나를 해치지
못할 거다!' 하며 새벽길을 다녔더니 무섭지 않았어요.

죽음의 늪에서 무신론의 덫에서 정진석 추기경

25년 전 서품받고 첫 미사 때 내가 입양된 사실을
이야기했어요. 미사가 끝나고 아흔 살쯤 된 할머니가
나에게로 오더니 허리를 구부리고는 내 귀에다 대고
속삭였어요. "신부님. 나도 입양되었다우"
어머니가 결혼식 날 그 얘기를 해주더래요.
이 점잖은 할머니도 "난 그 이후로 절대로 엄마를
용서할 수가 없었어요" 하고 얘기하는 거예요.

사람마다 다르겠지만 자기가 입양되었다는 사실을
늦게야 알면 대부분 굉장히 화가 나요.

난 결혼할 수 없을 거야 탐 브로스넌 신부

# 신부열전 2 神父列傳

ⓒ2011 흰물결

**신북열전2 오해받는 추기경**

펴낸곳  도서출판 흰물결
펴낸이  박수아
표지그림 이머 샤키리Ymer Shaqiri

초판 1쇄 발행일  2011년 8월 15일

주   소  137-885 서울 서초구 서초동 1720-8 흰물결빌딩 5층
등   록  1994. 4.14 제3-544호
대표전화  02-535-7004  팩스  02-596-5675
이메일  edit@worldreader.net
홈페이지  www.worldreader.net

값 15,000원
ISBN 978-89-92961-05-9
ISBN 978-89-92961-03-5 (세트)

신부열전 2
# 오해받는 추기경

대담·글 윤 학

# 신부열전 2
## 오해받는 추기경

## 그 재능을 왜 세속적인 데 써요? 김정남 신부

## 오해받는 추기경 팜민만 베트남추기경

그 새벽에

그날 새벽, 저는 오늘까지 나를 이끌어온 것이 무엇일까 생각했습니다. 그리고 앞으로 무엇이 나를 이끌어줄 것인지도 생각해봤습니다. 그것은 제가 배운 학문도, 재산도, 명성도 아니었습니다. 내 안에 깃든 나의 영혼이 나를 인도하고 있었습니다.

어릴 때부터 가졌던 나의 꿈도, 지금 제 가슴속 깊숙이 자리잡은 소망도 내 영혼이 바라는 것이었습니다. 내 근원은 내 영혼의 속삭임에서 나온 것이었습니다. 저는 제 영혼에게 속삭여보았습니다.

내 영혼아 너는 어디 있느냐?
내 영혼아 너는 무엇을 찾고 있느냐?

나는 그 새벽 내 영혼의 소리를 들었습니다. 길을 잃고 헤매는 사람들의 소리도 들었습니다. 저는 자리에서 벌떡 일어나 외쳤습니다.

사람들이 자신의 영혼의 소리를 듣게 하자!

오늘 우리는 내 영혼의 소리를 듣기는커녕 시시각각 쏟아내는 말잔치에 귀를 기울이다가 하루를 보내고 맙니다.

매일 가족보다 더 가까이 대하는 언론은 어제 거짓을 말해놓고 오늘 거짓임이 밝혀지면 부끄러워하기는커녕 또 다른 거짓을 말합니다.

우리들은 그 언론에 춤추고 누구를 칭송하다가 또 누군가를 비난합니다. 재미있는 것은 그런 일이 되풀이되어도 우리는 언론의 속삭임에 귀를 기울인다는 것입니다.

길도 아닌 언론이, 길도 아닌 대중이, 그 언론과 대중을 업은 몇몇 사람들이, 여론이라는 그럴듯한 명분으로 본디 뿌리조차 없는 다수라는 이름으로 세상을 휩쓸고 있습니다.

우리는 길을 잃었습니다. 우리는 영혼을 잃은 것입니다.

내 아이들이 남을 괴롭히는 것은 눈 하나 깜짝하지 않으면서도 우리는 내 아이가 괴롭힘을 당할까 전전긍긍합니다. 내 아이를 훌륭히 키워내도 아이의 친구들이 훌륭하지 않으면 내 아이 역시 행복하지 못할 터인데도 우리는 내 아이만이 훌륭하기를 바랍니다.

사람들에게 인정받을 수만 있다면, 남이 부러워할 정도로 가질 수만 있다면 그깟 영혼의 소리는 무시해 버립니다. 그러나 그 결과는 어땠습니까?

우리는 길을 잃은 것입니다. 우리는 영혼을 잃은 것입니다.

영혼을 잃어버린 사람은 자신의 내부가 아닌 외부에서 무엇을 찾습니다. 돈을, 명예를, 권력을, 심지어는 자신까지 잃어버리는 마약을 찾아 사방을 기웃거립니다.

영혼이 있는 글은 우리를 치유해 줍니다.

글은 우리의 혼을 담아내는 그릇입니다. 그런데 오늘 우리는 혼이 담긴 글을 만나기가 쉽지 않습니다. 혼이 없는 사회에서 혼이 있는 글이 나올 수 없기 때문입니다.

그러나 이 삭막한 세상에도 자신의 영혼을 가꾸어 그것을 꽃으로 피워내는 분들이 있습니다.

귀한 영혼들이 품어내는 아름다운 소리를 퍼뜨리기만 하면 그 거대한 합창은 어떤 소음도 사그라뜨릴 것입니다. 그것만이 우리를 평화롭게 하고 자유롭게 하는 길입니다.

이 책을 통해 우리 모두 자신의 영혼의 속삭임에 귀를 기울이고 자신의 순수와 만나기를 소망해봅니다.

서초동 흰물결에서
윤 학

# 죽음의 늪에서
# 무신론의 덫에서

정진석 추기경

하느님 앞에 서면 우리는 무슨 말을 할 수 있을까?
민족의 운명을 책임질 지도자가 되면 우리는 무슨 말을 할 수
있을까? "모든 말은 사라질 것이다"

하느님 앞에 선 민족의 지도자를 만나보았다.
그는 중요한 질문을 받을 때마다 진심으로 말했다.
"막막하기만 합니다"
정진석 추기경은 우리에게 그렇게 다가왔다.
천길 물속 같은 침묵으로, 민족의 아픔을 풀어야겠다는
따뜻한 가슴으로, 섣불리 덤벼들지 않겠다는 진지함으로.

# 두려움에 떠는 추기경

"엄마, 그렇게 다 줘버리면 우린 어떡해? 그러면 우리가 너무 손해잖아" 이런 말을 많이 했던 기억이 납니다. 그러면 어머니는 "내가 배운 방법이 이것이니까 나도 이렇게 할 수밖에 없다"고 하시며 미소 짓곤 하셨어요.

제가 좀 컸을 때, 어머니는 나보다 다른 사람을 더 위하는 거 같다고 불평을 하자 "그렇지 않아! 다른 아기들을 위해 젖을 내주면서도 최소한 너에게 줄 젖과 섞어서 물리지는 않았다" 하시는 거예요.

무슨 말씀인지 여쭙자, 제가 갓난아기 때 이웃에서 동냥젖을 많이 청했대요. 그래서 그 아기들에게는 한쪽 젖만 주시고 다른 한쪽은 늘 내 몫으로 남겨두셨다고 하셨습니다. 돌림병이 유행하던 그 시절 남의 아기들에게 젖을 물리는 것 자체가 대단한 희생이었죠. 그런 희생을 하면서도 아들인 제가 돌림병에 걸리지 않도록 애쓴 것이지요.

내가 아는 한에서는 가장 희생정신이 강한 분이셨고, 남을 배려하는 모범을 보여주셨습니다. 오늘날 저에게 그런 점이 조금이라도 있다면 다 어머니의 영향입니다. 무엇이든지 남을 우선 배려하는 삶이셨어요.


초등학교 2학년 때 명동성당에서 첫영성체를 했습니다. 계성초등학교를 다녔는데 4학년 때 견진성사를 받았어요. 수업이 끝나면 매일 한 시간씩 교리공부를 했지요.

10살 때부터 새벽미사 복사를 맡아놓고 했었어요. 당시 첫 미사 복사를 서려면 이른 새벽 첫 전차가 다니기 전 성당에 가야 했지요. 수표동 집에서 명동성당까지 가려면 을지로를 거쳐야 했어요. 당시 을지로에는 전차가 다니고 있었지요.

캄캄한 새벽에 인도로 다니기가 너무 무서워 그 전찻길 가운데로 걸어서 성당에 갔지요. 그래도 어린아이라 너무 무서웠는데, 어느날 명동성당 보좌신부셨던 노기남 신부님께서 십자가

를 주셨어요. 하루도 안 빠지고 새벽미사 복사를 서는 게 대견
했던지 상으로 주셨지요.

그당시 주교님께서 걸고 계셨던 십자가보다 약간 작은 크기
였으니까 어린아이에게는 꽤 큰 십자가였는데 그 십자가를 목
에 걸고 '나도 주교님이다! 마귀가 나를 해치지 못할 거다!' 하
며 새벽길을 다녔더니 무섭지 않았어요.

1965년 제2차 바티칸공의회 이전에는 라틴어로 미사를 드렸
는데 라틴어를 좀 안다는 것도 은연중에 자랑스러웠던 것 같고,
또 신자들이 신부님을 대접하면서 덩달아 꼬마 복사들까지 귀
여워해주시니까 그것도 좋았지요. 그렇게 복사를 3년 넘게 하
다 보니까 성소의 싹도 자랐을 거라고 봅니다.


중앙고등학교 시절, 매일 도서관에 앉아 책을 읽었어요. 도서
관은 내가 매일같이 앉아서 꿈을 키우던 곳이었지요. 그때는 세
계적인 인물이 되고 싶었습니다. 딱히 무엇이 되어야겠다고 정
한 것은 없었지만 한국은 너무 좁다는 생각이 들었어요.

책을 너무 많이 읽어서 그랬는지 웬만한 것은 시시하게 느껴
졌습니다. 교만했다고 볼 수도 있지요. 아무튼 우리나라만 아니
라 세계에 무언가를 기여하는 그런 사람이 되어야겠다는 포부
를 품었습니다.

저에게 정치가는 좀 낮게 여겨졌어요. 더 고상한 일이 없을까 생각했지요. '과학자 신부'가 되겠다고 생각했어요.

나이에 비해 지적으로 상당히 조숙해 있었고, 내가 인생을 안다고 생각했습니다. 그런데 과학자 신부를 꿈꿀 때만 해도 물질적 가치에서 자유롭지 못했습니다. 덜 성숙했다고 볼 수 있지요.

어려서는 발명가가 되고 싶었고 나만을 위해 산다면 인생의 의미가 별로 없는 것 같아 많은 사람에게 유익이 되는 일이 뭘까 고민한거죠. 그래서 서울공대 화학공학과에 입학하여 과학자의 꿈을 키우던 중 6·25전쟁이 터진 겁니다.

국민방위군으로 소집되어 거대한 죽음의 체험을 하면서, 또 전쟁이 끝날 때까지 미군 병참기지에서 일하면서 영적갈등을 너무 많이 겪었어요. 전쟁터에서 문명의 이기들이 생명을 파괴하는 장면을 목격하면서 발명가의 꿈에 회의가 생겼습니다.

결국 공학을 포기하고 인간의 생명을 주관하는 하느님께 매달리기 시작했죠. 그렇게 해서 사제의 길로 들어서게 된 것입니다. 하지만 당시엔 망설였던 것도 사실입니다.

전쟁을 겪으면서 비로소 진정한 가치가 무엇인지에 대해 확신을 갖게 되었고 물질로부터도 해방될 수 있었지요. 세상의 가

치가 유치하게 느껴졌고, '사람'에게 매이거나 속박받고 싶지는
않다는 마음이 생겼습니다. 그래서 결혼도 할 수 없었던 거죠.

# 죽음의 늪에서 무신론의 덫에서

해방 후 우리사회가 극도로 혼란스러웠지요. 그때 일본에서 유학했던 청년들 대부분이 좌익사상을 갖고 있었고요. 좌익에 심취되어 있는 게 마치 지성인인 양하던 시절이었죠.

그런 상황에서 저 역시 '하느님은 없다, 종교는 아편이다'는 무신론, 유물사관, 좌익사상에 은근히 물들었어요. 특히 제가 다녔던 중앙학교 '독서회' 선배들의 영향을 많이 받았죠. 천주교 신앙을 속이며 1년가량 매우 혼란스럽게 살았습니다.

그즈음인 47년 명동성당에서 윤형준 신부님이 한국교회 최초로 사순절 특강을 했어요. '영혼의 존재, 하느님의 존재'를 주제로 6주간 강의하셨지요. 당시 중학교 4학년이었던 저는 그 특강을 들으며 다시 신앙심을 되찾을 수 있었습니다.

그때 '나도 저런 사제가 되고 싶다'는 생각을 갖게 되었죠. '하느님은 계시다, 영혼은 있다'고 확신하게 되었고 하느님과의 관계를 회복했습니다.

지금도 생생하게 기억합니다. 한 시간짜리 강의가 끝날 때마다 항상 2층 성가대에서 '한 많은 슬픔에'라는 성가를 불렀는데 매번 눈물이 났어요. 47년이 지난 지금도 그 성가를 가끔 혼자 부르는데 전율이 느껴지고 눈물이 납니다.


6·25전쟁 중이던 1950년 12월 말 정부에서 청년들에게 동네마다 국민방위군을 조직하여 창경원에 모여 봇짐을 하나씩 지고 피란을 떠나게 했습니다.

한밤중에 경기도 남양주 덕소에 이르렀는데 눈이 펑펑 쏟아졌어요. 눈 위에 쓰러져 잠이 들었어요. 그런데 누가 발로 걷어차며 "눈 위에서 자면 얼어 죽는다"고 깨워요. 눈이 얼마나 많이 왔는지 눈 위에서 잠자다 죽은 사람이 허다했습니다. 그때 깨우지 않았더라면 죽었을 겁니다.

다시 일어나 꽁꽁 얼어붙은 남한강을 건너는데 그 많은 사람이 건너니 얼음이 견디질 못했죠. 제가 막 강을 건너가고 나서

강바닥 얼음이 꺼져버렸어요. 바로 제 뒤에서 한 무리의 사람들이 비명을 지르며 빠져 죽어가는 광경을 그대로 목격하고 말았습니다. 간발의 차이로 생사가 오가는 것을 보게 된 겁니다. 그때 처음으로 죽음에 대해서 깊이 생각하게 되었습니다.

큰길로 못 가고 뒷길로 숨어서 끌려가는 식이었는데 그 많은 사람이 한꺼번에 잘 데가 없어 매번 산속으로 올라가 새우잠을 자고 다시 산을 내려와야 했어요. 주먹밥으로 끼니를 때우며 10시간씩 걸었는데 발바닥이 부르터 엉망이 되었고 주저앉고만 싶었습니다.

경북 안동인가, 의성인가에서 산길을 걷다가 제 앞에 가던 사람이 지뢰를 밟은 거예요. 지뢰가 터지면서 몰려가던 사람들이 한꺼번에 죽었습니다. 이번엔 바로 제 앞에서 죽음의 광경이 벌어진 겁니다. 또 한 번 죽음을 체험하게 됐지요. 그렇게 경남 마산까지 내려가서 초등학교에 철조망을 쳐놓고 집단생활을 했습니다. 매일 교실에 짚을 깔고 누워 잤는데 아침이면 꼭 한두 명은 얼어 죽어 있었어요.

전쟁에서 죽을 고비를 넘기면서 하느님이 나를 살려주신 뜻은 많은 사람에게 유익이 되는 사람이 되라는 생각이 들었습니다.

주먹밥으로 연명을 했는데 주먹밥 크기가 테니스공만 했지요. 먹은 게 없으니까 일주일에 한 번밖에 변을 보지 않았습니다. 그런데도 사람들이 그 주먹밥 한 개랑 담배 한 개비를 바꿔 피우는 거예요. 그 주먹밥을 다 먹어도 굶어 죽을 판에 말이죠.

주먹밥 한 개를 다 주면 굶어 죽겠으니까 반으로 나눠 담배 반 개비를 구해서 거기다 호박잎 누렇게 말라빠진 것을 섞어 피우는 겁니다.

도대체 담배가 뭐기에 저럴까 싶었어요. 담배 피우던 사람들은 그때 다 죽었습니다. 담배가 얼마나 무서운 것인지 그때 알았어요. 너무 기가 막혀 지금도 기억이 나요.

자기가 뻔히 죽을 걸 알면서도 주먹밥과 담배를 바꾸는 걸 보며 절체절명의 순간에도 인간이 생명보다 쾌락을 더 추구한다는 사실에 놀랐습니다. 그게 인간인 거예요.


저는 학창시절 거의 매일 한 권씩 책을 읽었습니다. 하지만 요즘엔 예전처럼 책을 읽는데 많은 시간을 할애하지 못합니다. 그러나 성경은 지금도 늘 가까이 두고 읽고 있습니다.

성경을 읽을 때면 나 자신이 성경에 등장하는 모세, 세례자 요한, 예수님의 제자들이 되어 여러가지 상상을 하며 행간에서 헤매기도 합니다. 성경을 읽는 재미에 빠져 지내면서 성경이 살아있는 말씀임을 절실하게 느꼈습니다. 성경을 읽으며 하느님의 뜻을 헤아리고 예수님 닮은 삶을 살 수 있기를 기도하고 있습니다.

책을 읽는 것은 제게 가장 큰 행복이고 기쁨입니다. 그 좋은 것을 다른 사람들과도 나누어야겠다는 생각으로 번역도 하고 쓰기도 했는데 이제는 꽤 여러 권이 되었습니다.

부제 시절 룸메이트였던 고 박도식 신부와 1년에 한 권씩 꼭 책을 내자고 약속했는데 겨우 그 약속을 지키고 있는 것 같습니다. 매번 새 책을 낼 때마다 그 책에 푹 빠져 지내고 내가 쓴 책들은 내 분신과도 같은 마음이 들어 어느 것 하나 애착이 가지 않는 것이 없습니다.


〈우주를 알면 하느님이 보인다〉는 하느님의 존재에 대해 진지하게 묻는 이들, 특히 젊은이들에게 나름대로 그 답을 줄 수 있었으면 하고 펴냈습니다.

우주의 기원과 질서, 성서에서 말하는 천지창조, 생명의 신비, 나아가 영혼까지 과학을 통해 초경험적 하느님의 존재를 증명해보고 싶었습니다. 고교시절부터 과학으로 신앙을 논증하고 신앙의 빛으로 과학을 밝히고 싶다는 생각을 했는데 벌써 50년이 넘습니다.

또 하나는 모세에 관한 책입니다. 최근 2년 동안 모세의 삶을 묵상하면서 세상의 구원을 위해 '길이 아닌 길'을 갔던 모세, 유대 민족의 지도자 모세를 다시 바라보게 됐습니다.

〈민족 해방의 영도자 모세〉는 이스라엘을 노예생활에서 해방시키고 하느님이 약속하신 땅으로 이끌게 된 모세를 담았습니다. 〈민족공동체의 창설자 모세〉는 여러 부족으로 흩어져있던 이스라엘을 하나의 민족공동체로 엮어낸 모세의 역할을 그려내고 있습니다. 이 책을 쓰면서 분단된 조국의 현실을 깊이 생각해보고 있습니다.

# 다시 태어나도 사제의 길을

제가 IMF 사태 직후인 1998년에 서울대교구장이 됐어요. 그때 "우리가 가난했지만 행복했던 옛날을 생각하면 지금의 어려움은 IMF 때문이 아니라 가치관의 문제다. 이 점에서 교구장으로서 필요한 역할을 다하겠다" 이렇게 말했어요. 저는 양극화 문제도 그런 맥락에서 해결할 수 있다고 봐요.

예수님은 "행복하여라, 마음이 가난한 사람들! 하늘나라가 그들의 것이다"마태 5, 3라고 하셨지요. 마음이 가난하다는 의미는 우리가 하느님이 들어올 수 있는 빈 공간을 마련하고 있다는 것이죠.

돈이나 물질은 편리한 삶을 사는데 필요한 것이지 그것이 우리 인생의 목표가 될 수는 없습니다. 다른 사람을 위해 가진 것을 나누려는 마음, 그 마음이 우리가 사는 세상을 행복하게 해줄 수 있습니다.

마음의 평화는 어디에서 옵니까? 바로 양보에서 오지요. 이해받기보다 상대방을 먼저 이해하고, 사랑받기보다 먼저 사랑하면 됩니다. 양극화 문제도 이렇게 상대방을 이해하고 대화할 때라야 해결될 수 있어요.

청주교구장 시절 식사초대를 하지 못하는 처지에 있는 사람이 소외감을 느낄까 봐 일절 초대에 응하지 않고 항상 식당에서 식사를 해결했지요. 상대방을 먼저 생각해야 평화가 옵니다.

바티칸에서 있은 서임식 때 교황님께서 제게 "한국교회가 나날이 크게 발전해 기대가 크다"고 하셔서 제가 "한국교회뿐 아니라 북한교회를 위해서도 노력하고 있습니다"라고 말씀드렸더니 "참 잘하는 일이다"라고 격려해주셨어요. 분단국가였던 독일출신의 교황님께서는 "북한 형제들을 위해 특별히 기도하겠다"고 약속해주셨습니다.

우리는 중국이나 서양으로부터 많은 것을 받았지만 반면 준 것은 별로 없는 것 같습니다. 매년 11월 로마 교황청을 방문할 때마다 "이제는 한국가톨릭이 아시아 전교를 책임져야 한다" 그런 말을 듣습니다.

이에 조금씩이나마 선교사제들을 중국, 대만, 캄보디아에 파견해서 우리의 역할을 해나가고 있습니다. 국내 신학교에서 경제사정이 어려운 나라들의 사제양성도 돕고 있고요.

서울대교구 대신학교에 베트남 하노이교구, 중국, 방글라데시 신학생들을 받아들여 양성하고 있습니다. 몽골에서도 신학생들이 올 겁니다.

이들이 사제가 되면 이주노동자들을 더 깊이 도울 수 있을 겁니다. 같은 신학교에서 공부한 이들은 국가간 우호관계를 증진하는데도 기여할 겁니다.

추기경의 수단은 진홍색 즉 진한 핏빛을 띠지요. 이것은 순교자들의 피를 상징하는 것입니다. 주교의 자색 수단은 정맥을 흐르는 피, 추기경의 진홍색 수단은 동맥혈을 상징한다고 합니다.

이처럼 추기경의 진홍색 수단은 저에게 더 큰 사랑과 희생과 봉사를 하라는 메시지로 다가옵니다. 그래서 진홍색 수단을 입을 때마다 추기경으로서의 책임감을 다시 생각하곤 합니다.

하지만 저는 능력이 없습니다. 소외되고 힘든 사람들에게 힘이 되어 주고 싶습니다만 그 모두가 제 능력으로는 힘이 부칩니다. 그래서 저는 침묵할 수밖에 없습니다.

그러나 저는 낙관주의자라서 하느님께서 인도해주시리라 믿기 때문에 아무리 어려운 일이 닥쳐와도 잠을 잘 잡니다. 주님이 함께 계신데 무엇이 걱정입니까.

머리로만 믿으면 걱정 근심이 끊이질 않겠죠. 배에서 풍랑을 만났을 때 예수님의 제자들이 그랬던 것처럼 말입니다. 하느님께 맡기고 나면 그냥 편해집니다. 내일 일은 내일에 맡기라는 성경 말씀대로 따르는 것이지요.

어떤 일이 있어도 "주님께서 알아서 해주세요. 저는 그냥 잘래요" 하면서 편하게 잠을 청하곤 하지요.


제가 말을 할 때는 하느님께서 말을 하라고 일러주시는 것 같습니다. 그럴 경우엔 마치 미리 준비를 해두었던 것처럼 나도 놀랄 만큼 논리적으로 이야기가 잘 됩니다.

개정사학법 문제로 정부·여당 대표들이 방문했을 때 저는 잘못된 점을 조목조목 이야기했지요. 그들도 제 말에 반박을 못하더군요. 지난번 줄기세포와 관련한 입장을 밝혔을 때도 과학적인 내용이라 참 어렵고 조심스런 문제였는데, 과학적으로도 합당하고 종교적으로도 타당한 의견을 피력했습니다.

물론 평소에 그 문제에 대해서 깊이 생각했던 바탕이 있기도

했겠지만 별다른 준비를 하지 않았는데 그렇게 분명하고 단호한 의견을 낼 수 있었던 것은 나로서도 놀라운 일입니다. 지나고 보니 성령께서 나에게 임하시어 힘을 주셨던 것이라고 생각합니다.

제게는 민족을 이끌만한 그런 능력이 없습니다. 제가 앞으로 무엇을 어떻게 해야 할지 정말 막막합니다. 그러나 저는 하느님께 도움을 청하고 있습니다. 저에게 그러한 소명이 있다면 하느님께서 언젠가 그렇게 할 수 있는 '기회'도 주실 것입니다. '때'가 되면 '기회'를 주실 것이고 '기회'를 주실 때는 '능력'까지도 주시리라 믿고 있지요.

청주교구의 초대교구장은 미국 메리놀회 신부셨죠. 1970년 한국인인 제가 청주교구 제2대 주교로 발령받고 가니까 메리놀회는 '이제 우리들의 선교사명은 끝났다'며 서서히 철수하는 분위기였어요.

당시 본당이 22개였는데, 메리놀회 신부가 20명이고 한국 신부가 6명밖에 안됐어요. 다급했지요. 그래서 부임 받은 날부터 하느님께 '청주교구에 사제를 100명 주십시오!'라는 청원기도를 했어요.

28년 후인 1998년 제가 청주교구를 떠나기 직전 사제서품식이 있었어요. 그때 보니 사제가 106명, 본당은 52개로 늘어나 있었지요. 하느님은 기도를 다 들어주세요.

61년 사제서품식 때 엎드려 성인호칭기도를 드리면서 이렇게 기도했어요. '하느님, 제가 죽기 전에 우리나라 가톨릭 신자 수가 10%가 되게 해주세요!' 그 당시 가톨릭 신자 수가 전 국민의 1%가 안됐거든요.

그런데 지난 2000년에 드디어 10%가 됐어요. 요즘은 2020년까지 신자 수 20%가 되게 해달라고 기도하고 있어요. 제가 오래 살고 싶어서 그렇게 기도를 드리고 있어요.


못난 사람이라야 신부가 될 수 있다고 나를 신학교에 보내주신 신부님께서 제 귀에 거듭 새겨주셨습니다. 세속적으로 영리한 사람은 진리를 찾을 수 없습니다. 정신적, 영적 경지에 오르려면 물질을 초월해야 하니까 세속에 얽매이지 않아야 합니다.

진리는 어수룩한 사람이어야 얻을 수 있지요. 세상에서는 그런 사람을 바보취급 하잖아요. 그래서 못난 사람이라고 표현한 것이지요.

그런 의미에서 예수님도 못난 분이지요. 저도 그 못난 분을 따르려고 하니 미련한 자임이 분명합니다. 그러나 저는 하느님 앞에 지혜로운 자가 되고 싶어 세속에 미련한 자가 되었으니 하느님께 감사할 수밖에 없지요.

얼마 전 어떤 글에서 '즐겁다'와 '기쁘다'에 대해 말하는 것을 읽었습니다. 국어사전을 찾아보면 '즐겁다'는 '마음이 흐뭇하고 기쁘다'라고 나와 있고 '기쁘다'는 '마음에 즐거운 느낌이 있다'라고 나와 있다는데….

사실은 그 말에 차이가 있다는 거예요. '기쁘다'는 마음의 기쁨을, '즐겁다'는 육체적 기쁨을 말하는 것으로 그 기쁨의 근원이 심적이냐 육체적이냐의 차이가 있다는 내용이었는데 상당히 일리가 있다고 생각됩니다. 그래서 '기쁨'의 반대말은 '슬픔'이고 '즐거움'의 반대말은 '괴로움'이잖아요.

저는 '즐거움'은 포기한 사람이지만 '기쁨'은 절대로 포기하지 않습니다. 저는 오락이라는 것을 모릅니다. 누가 경치 좋은 곳이라며 함께 가자고 해도, 낚시가 재미있다고 해도 가지 않습니다. 월드컵 때도 축구를 보지 않습니다.

앞으로 해야 할 귀한 일들을 생각하면 다음날이 기다려지지요. 밤늦게까지 그런 걸 보고 있을 수가 없습니다. 그래서 사람들이 저를 보고 참 재미없는 사람이라고들 하지요. 그러니 결혼도 할 수 없지 않겠어요? 이런 점이 어리석고 못난 점이지요.

하지만 분명히 하고 싶은 점은 제가 기쁨을 포기하고 사는 것은 아니라는 것입니다. 아니 오히려 기쁨은 누구보다 더욱더 추구하고 있다고 봅니다.

저는 웬만한 일에 화를 내지 않습니다. 그래서 최근 크게 화를 냈던 게 언제인지 기억하기는 어렵습니다. 화를 내도 그때뿐이지 곧바로 잘 잊어버리는 편입니다.

간혹 마음이 불편할 때가 있는데 그것은 시간을 무의미하게 흘려보낼 때입니다. 언젠가 신부님들과 함께 낚시터에 간 적이 있습니다. 하염없이 가만히 앉아 있는 시간이 제게는 큰 고역이었습니다. 이왕에 간 것이니 낚시터에 앉아 있기는 하지만 머릿속에는 온통 읽다 두고 온 책 생각에 괴로운 시간이었습니다. 낚시가 좋은 취미활동이긴 하지만 저에게는 맞지 않았던 것 같습니다.

저는 지나간 일들을 마음에 크게 담아두지 않습니다. 오늘 하루 부족함이 있었던 것만큼 새로 주어진 하루 동안 더 열심히 살고 더 열심히 상대를 이해하면 됩니다. 물론 똑같은 실수는 반복되지 않도록 해야겠지요. 그래서 같이 사는 신부들은 제가 무척 낙천적이고 긍정적이라고 그럽니다.

그래도 굳이 후회스런 일을 말한다면 시간을 낭비하는 것일 겁니다. 그래서 저는 주어진 시간을 1분 1초도 쓸모없이 쓰지 않고 후회 없는 하루를 보내려고 애씁니다.

새벽 4시 50분이면 일어나 맑은 정신으로 글을 쓰며 하루를 시작합니다. 저녁식사를 마치고 난 후 1시간가량 교구청 마당에서 산책을 하면서 하늘의 별도 헤아리고, 하루의 지난 일을 정리하며 묵주기도도 바칩니다. 이 시간은 오로지 침묵 중에 혼자 하는, 하느님과 나만의 시간으로 보내려고 합니다.

다시 태어나도 사제의 길을 택할 것입니다. 사제는 자기 혼자만을 위한 삶이 아닌 다른 모든 이에게 유익이 되는 삶이기 때문입니다.

하느님께서 지금까지 너무나 잘 이끌어주신 덕분이지만 제가 성직자로 살아온 시간은 다른 무엇과도 바꿀 수 없는 소중하고 감사한 시간이었습니다.

# 난 결혼할 수 없을 거야

## 탐 브로스넌 신부
### Tom Brosnan

브루클린의 어느 이민자 성당에 모국에서 오신 신부님이
두 분 계셨는데, 본당이 둘로 갈라져 미친 사람들처럼 싸웠어요.
저는 "오! 하느님 제가 무엇을 해야 하나요?" 부르짖기만 했지요.

그러다가 그들에게 다가가서 "저는 미국사람이어서 당신네 말은
잘 못합니다만 무엇이든 돕고 싶습니다" 했는데
그 마음이 많은 사람들에게 닿았는가 봐요. 저는 그때 깨달았어요.
사람의 마음을 어루만지는 것은 유창한 말이 아니라는 것을…

인종전시장이라는 뉴욕에서 이민자들과 한 몸이 되려는
탐 브로스넌 신부!
태어나자마자 입양되어 가족으로부터도 소외 받았지만
오늘도 그는 누군가의 마음에 다가서고 누군가에게 위로가 되는
삶을 살아가려고 애쓰고 있다.

# 난 결혼할 수 없을 거야


저는 1953년 뉴욕 맨해튼의 미세리코디아 병원에서 태어났는데 태어나자마자 가톨릭 미혼모센터에 가게 되었어요. 어머니가 나를 기르는 것을 포기했기 때문이죠.

6개월 후 브루클린의 한 가정에 입양되었어요. 당시에는 아이가 이해할 수 있는 나이가 되기 전이라도 입양된 아이에게 입양사실을 알려주었어요.

그러나 양부모님은 내가 열두 살 때에야 입양사실을 말해주셨어요. 학교선생님이 부모님에게 알려주라고 강권해서 마지못해 하셨대요. 학교서류에는 내가 입양아라는 기록이 있으니까 선생님들은 그 사실을 알고 있었고, 당시에는 사회적으로 그러한 사실을 아이에게 알려주는 것이 더 좋다는 공감대가 형성되어 있었어요.

내가 입양되었다는 사실을 알게 되었을 때 아주 불편한 느낌이 들었어요. 아주 정확히 기억합니다. 양부모님도 마찬가지로 굉장히 불편해하는구나 하는 걸 느꼈고요. 말하고 싶지 않은 사실을 억지로 해준다는 느낌이 들었어요.

어머니가 아버지에게 말하라고 하더군요. 정확한 단어는 기억하지 못하지만 무슨 의학용어를 썼던 것으로 기억합니다. 그분들이 어떻게 불임이 되었는지를 말하면서 아이를 가질 수 없어서 입양했다 그렇게 말했던 것 같아요.

나는 아무 말도 하지 않았지요. 어머니가 "뭐 더 묻고 싶은 말 없어?" 하기에 "없어요" 하니까 "좋아! 그럼 점심 먹으러 가자" 하셨어요.

그 이후에도 다시는 그 일에 대하여 말을 꺼낸 적이 없었어요. 내가 서른한 살이 되어서 생모를 찾아냈을 때도 처음에는 양부모님에게 말하지 않았어요. 말씀드려야 한다는 어떤 의무감 같은 것이 들었지만 그분들이 힘들어할 것 같아서요.

나를 본 생모는 아주 당황하더니 울기 시작하더군요. 처음으로 입양 당시의 상황에 대한 이야기를 들었지요. 나 말고 다른 모든 사람들은 내가 입양아라는 사실을 이미 알고 있었다는 것도 그때 알았고요.

그래서 비록 양부모에게는 힘들지라도 내가 친부모를 찾았다는 사실을 말해줬지요. 지금 돌이켜보면 그것이 오히려 그분들에게 하나의 선물이었어요. 왜냐하면 그분들도 언젠가는 그 상황에 대하여 말해야 할 그런 부담을 벗어버리게 한 것이니까요.

하느님 앞에는 아무런 비밀이 없어요. 비밀을 지켜야 한다는 압력도 없고요. 그래서 나는 그분들에게 그것이 하나의 선물이라고 생각했지요.

나의 양부모는 친부모를 만나고 싶어하지 않았어요. 생모도 그들을 안 만나고 싶어했는지는 잘 모르겠어요. 생모는 나를 낳은 후 다른 남자와 결혼했고 여섯 아이를 키우고 있었어요.

나는 생모와 그 생모가 낳은 의붓형제들과 계속 연락하고 지내왔어요. 그들은 내가 사제가 되었을 때 메릴랜드에서부터 와주었고 양아버지의 장례식에도 왔어요.


아마 내 마음속에는 항상 생모를 만나고 싶은 욕구가 있었던 것 같아요. 비록 양부모를 배신하는 것 같은 죄책감이 들긴 했지만 그냥 가슴속에 그래야 한다는 생각이 자라고 있었지요.

1970년대에 들어서자 마침내 무언가를 해야겠다고 결심하고 '입양아권리보호운동연합'이라는 단체를 찾아갔어요. 이 단체는 한 유대인 여자가 시작한 운동이에요. 이 단체에 가입하면서 단지 생모를 찾아야겠다는 생각이 어떤 단순한 희망이 아니라 내가 어디에서부터 왔는지 그 뿌리를 알 '권리'라는 걸 깨닫게 되었어요. 3개월 만에 어머니를 찾았지요.

입양된 가정은 아일랜드계 이민 집안이었어요. 양아버지는 대학을 마친 뉴욕시의 소방관이었고 양어머니는 고등학교를 졸업한 평범한 주부였어요.

1950~60년대 공무원은 아주 안정적인 직업이었어요. 중산층 블루칼라에 가톨릭 집안이었어요. 지금도 "나 브루클린 출신이야" 그러면 사람들이 당연히 가톨릭 신자라고 생각하고 "본당은 어디야?" 하고 묻지요. 브루클린 사람들은 대부분 가톨릭 신자 아니면 유대교도거든요.

나는 가톨릭 초등학교, 가톨릭 중고등학교를 다녔는데 수도회에 가려고 하니까 부모님이 엄청 반대했어요. "고등학교를 졸업하면 내가 원하는 것을 할 거예요" 하고 말했더니 말리시지는 않더군요.

아버지는 내가 장래에 무엇이 되었으면 좋겠다고 얘기하신

적이 없었어요. 내게 친절했지만 내가 하는 일이 자신에게 어떤 문제를 일으키지만 않으면 큰 관심을 갖지 않는 것 같았어요. 남의 일에 간섭하는 것도 별로 좋아하지 않았고요.

아버지 자신이 아주 힘든 과거를 가지고 있었으니까요. 아주 어렸을 때 부모님이 돌아가셔서 어린 동생들을 돌봐야 했는데 그게 쉽지 않았나 봐요. 그래서 힘들고 거칠게 살 수밖에 없었다고 하더라고요.

아버지는 형제가 두 명, 누님이 두 명 있었는데 한 명은 2차 대전에 나가 전사했고, 누나 한 명은 일찌감치 가출했대요. 단 한 번 그 누나의 딸로부터 누나가 죽었다는 연락을 받은 것 말고는 연락도 하지 않고 지냈어요. 어머니도 외동딸이라서 다른 가족이 없었고요.

솔직하게 말하면 나는 아주 외로운 어린 시절을 보냈어요. 아주 작은 집에서 외조부모님, 부모님, 나 이렇게 같이 살았어요. 물론 학교나 동네에 친구들이 있었지만 나는 약간 내성적이었어요. 그래서 좀 외로웠지요.

내가 흥미를 가지고 있었던 것은 장난감병정이었어요. 혼자서 몇 시간이고 가지고 놀았으니까요. 엄청나게 많은 병정모델을 모았지요.

학교에서는 최고의 수영선수였지만 교우관계는 아주 좋았던 것은 아닌 것 같아요. 그래서 '어린 시절' 하면 고독하고 혼자였던 이미지가 떠올라요.

아마 그래서 교리를 가르치는 수도회 형제들에게 끌리지 않았나 싶어요. 아마도 그런 형제들이 있었으면 하는 마음에서 그들을 좋아하고, 하나의 공동체 같은 걸 원했던 것 같아요. 그게 내 어린 시절 이미지에요.

생모의 가족을 찾을 때도 수도회가 많이 도와주었어요. 미국에서는 입양된 사람은 그 어떤 서류도 볼 수 있는 권리가 없어요. 누군가가 도와주어야 해요. 나도 생모를 찾고 나서 다른 사람을 찾아주는 일에 동참했지요.

나는 입양된 아이들이 자신의 뿌리를 찾는 것은 대단히 중요한 일이라고 생각하는데 막상 찾으려고 하면 아주 어려워요. 사실 그것은 그들의 권리이기에 나는 그들이 자신의 문서를 볼 수 있도록 법을 개정하는 데 도움을 주려고 해요.

법을 고쳤다고 해서 반드시 그 서류를 봐야 한다는 것은 아니잖아요. 보고 싶어하지 않는 사람은 보지 않아도 되니까요. 나는 이것을 시민의 권리요, 인권이라고 보는데 대부분의 사람들은 그렇게 이야기하지 않아요. 그래서 여러 단체나 사람들에게

법을 고치자고 이야기하고 있어요. 교회도 설득하고요. 그 일을 위해 여기저기 돌아다니지요. 별로 성공적인 진척은 없었지만 그런 일에 관여하고 있지요. 주교님도 좀 싫어하세요.

25년 전 서품받고 첫 미사 때 내가 입양된 사실을 이야기했어요. 미사가 끝나고 아흔 살쯤 된 할머니가 나에게로 오더니 허리를 구부리고는 내 귀에다 대고 속삭였어요.

"신부님, 나도 입양되었다우" 어머니가 결혼식 날 그 얘기를 해주더래요. 이 점잖은 할머니도 "난 그 이후로 절대로 엄마를 용서할 수가 없었어요" 하고 얘기하는 거예요. 그 할머니는 103세까지 살았어요.

사람마다 다르겠지만 자기가 입양되었다는 사실을 늦게야 알면 대부분 굉장히 화가 나요.


젊었을 때 결혼하고 싶다는 생각을 한번도 해본 적이 없어요. 지금도 마찬가지예요. 내가 남자친구, 여자친구들이 많이 있긴 하지만 지금까지 결혼하고 싶다, 가정을 갖고 싶다는 생각을 해본 적이 없어요. '아마 난 결혼할 수 없을 거야. 절대로' 하는 생각을 갖고 있었던 것 같아요.

왜 그랬는지는 모르겠지만 가족을 갖는 것은 내게 아무런 매력이 없었어요. 아마도 내가 자라난 특수한 환경, 입양 때문이겠지요. 입양된 사람이 원래 가족을 찾고자 하면 입양기록을 구할 수가 없는 경우가 대부분이에요. 그래서 우리는 항상 빗나간 자료만 얻게 되는 거예요.

입양사실을 알고 있었던 사람들을 찾아가서 당시의 이야기를 들을 수밖에 없고 증거가 될 만한 게 그것뿐이라서 정확한 정황을 알기가 힘들다는 뜻이에요. 그런 여러 연유로 입양된 아이들은 남들과 친밀감을 형성하는데 문제가 있어요.

# 대학시절의 이중생활

아주 어렸을 때부터 사제가 되고 싶었어요. 내 어릴 적 기억 대부분은 교회와 관련된 거예요. 나는 교회가 더 편하더라고요. 그리고 긍정적이 되고요. 가톨릭 가정이라서 집안에서부터 모든 종교의식을 다 지켰고요.

그래서 더더욱 교회에 빠져들었어요. 나는 교회 속에서 자랐고 교회가 나를 길렀어요. 그 안에서 아주 기쁜 생각을 갖게 되었지요.

고등학교 때 메리놀 형제회에 들어가고 싶었어요. 거기에는 선교사들이 많잖아요. 그들이 당시에 고등학교 성서연구회를 운영하였는데 그걸 하고 싶은 거예요. 부모님은 '절대불가'라며 허락하지 않았어요. 그래서 졸업하고 들어가겠다고 했는데 역시 '절대불가'였어요. 하지만 내가 학교를 졸업하고 나니까 결국 가게 해주더라고요.

2년 후 1960년대가 되자 메리놀 형제회가 메릴랜드에 있던 입회소를 폐쇄하고 브루클린에 새로운 입회소를 열었어요. 우리 집에서 불과 10분 거리였지요. 그것 때문에 내가 브루클린 칼리지에 간 거예요. 수도회에 들어가겠다고 맘먹었기 때문에 뉴욕에 머무른 것이지요. 그리고 대학을 마치고 스물네 살에 집으로 돌아와서 수도원에 들어갔고 신부가 됐지요.

사제가 된 것이 하느님의 부르심이라고요? 집에서 멀리 떠나고 싶어서라고요? 나는 그런 걸 몰라요. 사제가 된 데에는 많은 이유가 있다고 생각해요.


나는 선교사들에게 정말 매력을 느꼈어요. 초등학교, 중고등학교 모두 서로 다른 학교를 다녔지만 거기 들어가서도 꼭 교리를 가르쳐주는 형제를 만났어요.

그들은 아프리카에 파견된 선교사였는데 다시 아프리카로 가기도 해요. 내가 1학년이었을 때 막 아프리카에서 돌아온 수도회 선교사 형제 중의 하나가 교실에 들어왔어요. 1학년이면 대

여섯 살 먹은 아이들이잖아요.

그는 아프리카에서 가지고 온 창을 가지고 왔어요. 창 하나. 그것을 나무로 된 바닥에 던지는 거예요. 바로 우리가 앉아있는 그곳에요. 그 일을 잊어버릴 수가 없어요. 미지의 아프리카, 그리고 용맹한 전사의 창… 얼마나 흥분되었던지.

사람들은 대부분 좋은 대학, 좋은 직업, 좋은 아내를 원하는데 수도회 형제들과 만나고 싶어했던 것은 아마도 피붙이 같은, 형제 같은 사람들과 생활하고 싶었나봐요. 2년 동안 그들과 같이 있었는데 아주 행복했어요.

다행히 브루클린 중심부에 수도회가 생겨서 수도회에 입회하기 위하여 먼 시골로 가서 2년 동안 기도를 해야만 하는 번거로움이 없어진 거지요.

그때 수도회에서 "가고 싶은 대학에 가서 정상적인 대학공부를 하고 수도회에 돌아와 공동체 생활을 해라" 그랬어요.

문제는 우리가 각자 원하는 대학에 가면 거기서 수도회 형제들과는 다른 친구를 만나게 된다는 데 있어요. 그래서 누구든 이와 같은 이중적인 생활을 잘할 수는 없다고 봐요.

"정상적인 대학생활을 해라. 졸업 후에는 공동체에 와서 우리와 같이 지내야만 한다" 이건 이론적으로는 가능하겠지만 실제로는 이중생활을 하라는 거거든요.

그래서 저에게 대학생활은 아무런 의미가 없었다고 생각해
요. 최소한 나에게는 그랬어요.

# 갈라진 성당

브루클린의 어느 이민자 성당에 모국에서 오신 신부님이 두 분 계셨는데 미사 도중 싸움이 벌어졌어요. 본당이 둘로 갈라져 미친 사람들처럼 싸웠어요. 나는 그 중간에 서서 어쩔 줄을 몰랐지요. 그저 눈앞에 벌어지는 일을 믿지 못할 뿐이었어요.

처음에는 "오! 하느님 제가 무엇을 해야 하나요?" 하고 부르짖기만 했지요.

저는 그들 나라 말은 서툴게 했지만 그들을 아주 좋아했어요. 그저 "저는 미국사람이어서 당신네 말은 잘 못합니다만 무엇이든 돕고 싶습니다" 했는데 그 마음이 많은 사람들에게 닿았는가 봐요. 저는 그때 깨달았어요. 사람의 마음에 다가가고 어루만지는 것은 말이 아니라는 것을. 말이 통하지 않아도 그들과 같이 웃고 울고 같이 즐기는 것만으로 족하다는 것을. 단지 그들과 함께 있는 것만으로도 제 몫을 한 거예요. 하느님이 저를 그때 그 시간에 맞추어 보내준 것이지요.

서로 돕고 뭉쳐도 힘들 판에 왜 이민자 사회에는 갈등이 많을까? 알고 보면 아주 사소하고 어리석기 짝이 없는 이유들 때문이에요. '왜 고국을 떠나 먼 미국까지 와서 저렇게 싸움질을 할까?' 하는 생각이 들 정도였어요.

대부분의 이민자들이 가지고 있는 문제는 거의 비슷해요. 우선 언어가 문제지요. 오랫동안 이곳에 살았는데도 아직까지 영어소통에 문제가 많은 사람들이 있어요. 하지만 자기네 나라말이 통하는 성당에서는 그런 어려움이 없는 것이지요.

그러다 보니 밖에서 미국사람과 부딪히면서 쌓였던 모든 갈등들이 성당에 와서 그냥 폭발하는 거예요. 사소한 것도 권리주장을 하고 안 참아요. 그다음에 항상 돈 문제가 개입되어 있어요. 그리고 누가 어떤 자리에 있느냐 하는 것도 시빗거리고요.

한인성당도 그랬습니다. 한국에서 사목하러 온 신부들은 이민자들의 사정이나 문제점을 구체적으로 모르잖아요. 그러니까 그냥 본국에서 하던 대로 신자들을 대하는 거예요. 아마 내가 그 입장이어도 마찬가지였을 거예요. 그러나 이곳에 와서 오랫동안 살았던 사람들은 자신들을 좀 다르게 대해주길 바라는 것 같았어요. 좀더 미국식으로 말이지요. 갈등의 씨앗은 항상 거기서 싹튼 것 같아요.

그런 문제를 해결하기 위해서 저는 그냥 바보처럼 행동했지요. 그들의 이야기를 들어주었어요. 식사도 같이하고 같이 노래도 부르고요. 어떤 면에서는 내가 그들의 복잡한 사정을 잘 모르기에 오히려 성공하지 않았나 싶어요. 사람들은 내가 자기들 사정을 이해하지 못한다는 것을 알고 있었으니까요. 나는 모르는 척했어요. 아니 실제로 이해하지 못했어요.

브루클린의 수도원에 있을 때 우리는 스페인어나 이태리어를 공부해야 했지요. 장래에 우리가 브루클린이나 퀸즈에 사는 이태리어나 스페인어를 쓰는 사람들과 같이 일할 것을 대비해서이지요.

1980년대 초반에는 우리 관할구역에 이민국 사무소가 하나 있었어요. 어느 날, 신부님이 말했어요. "자, 이곳에 한국인이 많이 이민 오고 있는데 우리가 스페인어를 쓰는 사람들에게 했던 일을 이 사람들을 위해서도 하도록 합시다"

보통 3개월 동안 도미니카 공화국에 신부를 파견하여 스페인어를 배우도록 하였는데 영어를 하는 사람들은 3개월 정도 배우면 스페인어를 꽤 잘해요. '한국어를 배우는 것도 똑같이 하면 되겠지' 그 생각을 하게 된 거예요. 한국어를 배워오도록 신부를 파견했지요. 3개월이면 한국어를 마스터 할 줄로 생각하고요.

하여튼 우리는 실험도구였어요. 나하고 또 한 사람에게 한국어를 배우러 한국에 가지 않겠느냐고 물어요. 어학을 배우고 돌아와서 뉴욕 현지 한국인 사회에서 같이 일하는 것이지요. 메리놀 수도회가 서울에 세운 작은 학교에서 공부했어요. 일 년에 4개월씩 6년 동안 한국을 왔다갔다했어요. 다른 신부는 단지 2년만 다녔고요.

한국사람들과 일하는 것이 참 좋았고 재미있었어요. 내가 여기 한국 천주교회 퀸즈성당에서 사는 것은 여기서 일하는 것이 좋아서예요. 유일한 백인이라서 나는 이방인이니까요. 나는 내가 속하지 않은 것 같아 보이는 곳에서 더 편안함을 느끼는 것 같아요. 물론 한국인들과도 잘 어울리지만요.


부모는 자기 아이들이 무엇을 하건 성공하면 자랑스러워하지요. 특히 좋은 학교, 좋은 직업 갖기를 원해요. 솔직히 말하면 미국가정보다 한국가정이 더 그래요.

개인적으로 나는 그것이 잘못된 것은 아니라고 봐요. 부모는 자기 아이들이 안정되게 살아가도록 이끌어야 하지요. 물론 도를 넘는 욕심을 부리는 것은 문제지만 그것도 반드시 나쁘다고만 볼 순 없지요.

제가 어렸을 때 같은 동네에 살고 있던 유대인 아이들은 전부 다 의대에 갔어요. 부모들이 아이들에게 강요한 거죠. 그런데 그 아이들은 왜 의사가 되었을까요? 우리는 그들이 사람을 살리기 위해 의사가 되었다고 생각하고 싶어합니다. 하지만 그들은 돈 때문에 의사라는 특권의식 때문에 의사가 되려 한다는 현실을 인정해야 합니다.

그렇다고 그것이 나쁜 것일까요? 아닙니다. 의사들이 환자들에게 베푸는 위대한 봉사를 보십시요. 그들이 아주 이기적이고 탐욕스런 동기에서 의사가 되었다 하더라도 열심히 노력하면서 의사는 결국 남을 위해 봉사할 수 있는 좋은 의술을 가진 사람이 되어 있는 것입니다.


월스트리트 사람들은 돈은 많이 가지고 있지요. 하지만 그들은 진정한 부자가 아니라 단지 경제적으로 성공한 사람일 뿐입니다. 하지만 돈을 가진 사람들이 기부하여 자선사업이 가능할 때 자선은 도움을 받는 사람들에게만 좋은 것이 아니라 무언가를 주고 싶어하는 부자들에게도 좋은 일입니다. 제가 말하려는 핵심은 부자든 가난한 사람이든 '얼마를 남에게 주고 얼마를 자신이 가질 것인가?'를 생각하는 게 중요하다는 것이죠.

가난한 사람들도 적지만 무언가를 나눌 수 있습니다. 가난하기 때문에 남을 도울 수 없는, 남과 나눌 수 없는 사람이 되어서는 안됩니다. 자기가 어떻게 가치 있게 사느냐 하는 것은 어떤 직업을 가졌든, 가진 것이 있든 없든, 주위환경이 어떻든, 자신의 생각에 달렸다고 봅니다.

# 나는 아직도 도전하고 있어요

저는 살아오면서 훌륭한 분들을 많이 만났어요. 한번도 화를 내지 않는 힉키Hickey 신부님을 존경합니다. 지금도 그분을 생각하면 '아휴~ 어떻게 그렇게 화를 안낼 수가 있을까?' 생각하지요. 그는 화가 무언지 모르는 사람처럼 보여요. 나는 자주 화를 내는데요.

그리고 우리 부모님께 나의 입양사실을 말하라고 하신 선생님, 그 선생님을 우상처럼 숭배했어요. 마치 큰형님 같은 분이에요. 학교를 갓 졸업하고 부임했는데 아주 젊고 운동을 잘했어요. 그는 우리들과 뭐든지 같이했어요.

우리 반은 65명이나 되어서, 큰 강당에 칠판만 걸어놓고 공부했거든요. 그 많은 인원을 통제하려면 회초리로 때렸을 법도 한데 선생님은 한번도 때리지 않고 우리를 완벽하게 통제했지요.

그리고 작은 동아리를 만들어 재미있는 활동을 하도록 했어요. 1964년 언젠가 우리들 몇 명을 데리고 퀸즈 세계박람회에 데리고 가기도 했고, 농구, 하키 게임에도 가고 현장학습을 가기도 했지요.

선생님과 같이 이런 활동을 하면 '내가 어딘가에 속해 있구나!' 하는 느낌이 들었고 그런 느낌이 나를 변화시켰던 것 같아요. 어딘가의 일원이 되었다는 소속감! 나는 집에서도 내가 진정한 가족이라는 느낌을 갖지 못했거든요. 그는 내 삶을 아주 다르게 만들어주었습니다.

그리고 한국인 정 신부님을 존경해요. 어느 날 정 신부님이 우리 부모님을 초청했어요. 추수감사절에 미국사람을 한국사제관으로. 한국식 칠면조요리를 대접해 우리 부모님이 정말로 감격했지요.


15년 전쯤 퀸즈성당에 있을 때 주일학교 선생들이 승합차를 타고 여행하다 사고를 당했어요. 두 명이 죽고 한 명이 중상을 입었지요. 그날 밤 그 부모님들과 사고현장으로 갔어요.

두 젊은이가 죽었다고만 들었지 누가 죽었는지 몰라서 죽은 사람의 부모님들도 우리와 같은 승합차에 타고 있는 상태인 거지요. 자기 아들이나 딸이 그 죽은 두 사람일지도 모르는 가운데 2시간 동안 차를 타고 가는 부모의 마음. 나는 도저히 상상이 안 가더라고요. 너무나 끔찍했습니다.

안치소에 가서 시신을 확인하고 장례를 치르고… 너무 힘들었어요. 스무 살, 스물한 살의 젊은이들이었는데… 아직까지도 나는 그 사고 승합차에 탔던 아이들과 친하게 지내고 있어요.

죽은 아이의 동생이 그 당시 여덟 살이었는데 뉴욕에서 제일 좋은 대학을 졸업하고 지금 유명한 화학자가 되었어요. 죽은 형노릇까지 하느라고 그 어린애가 많이 힘들었을 거예요.


사제로서 내 마음속에서 깊이 새겨진 또 다른 경험은 뉴욕에 있는 마더데레사 병원에서 에이즈 환자를 위해 몇 년 동안 호스피스 자원봉사를 한 것이에요.

1980년대였는데 에이즈가 막 문제되기 시작할 때였어요. 그당시에는 에이즈에 걸렸다 하면 다 죽었어요. 아주 빨리 아주 비참하게 힘들게 죽어갔어요. 내가 그들을 도우러 갔지만 오히려 그들이 나를 일깨워준, 나에게 뭔가 눈을 뜨게 만들어준 정말 나 자신을 위해서는 최고의 경험이었어요.

나보고 장례미사 강론을 해달라는 거예요. 장례식에는 나와 수녀와 병원에 살고 있는 사람들뿐이었지요. 그것은 참으로 소중한 경험이었어요. 그들은 대부분 재소자였고 마약중독자였어요. 교도소에서 에이즈에 감염되고 거의 죽음이 임박해서야 병원으로 오지요.

그때 거기에 그레고리라는 스물여섯 살 먹은 흑인 젊은이가 있었어요. 그는 인생의 대부분을 교도소에서 보냈어요. 가족도 없이 혼자였고 분노로 가득 차 있었어요.

그는 무슬림 신자였어요. 그들은 대부분 교도소에서 이슬람 신자가 되지요. 그리고 병원에 오면 수녀들이 가톨릭교리를 가르치고요. 나도 교리강좌 시간에 가르쳤어요. 일종의 사교모임 같은 것이어서 재미있는 일들이 많이 벌어지지요. 서로 질문을 주고받고. 그레고리도 결국에는 가톨릭 신자가 되었지요.


그는 세례받고 싶어했어요. 그래서 오코노 주교님을 초청했어요. 주교님은 사람들의 관심을 끄는 걸 좋아하는 분이었지요. 그레고리의 세례식 때 사람들이 꽉 찼어요. 텔레비전 방송국에서도 취재를 했고요.

그레고리는 황홀경에 빠진 것 같았어요. 자기가 생전 처음 그 관심의 중심에 있었으니까요. 주교님이 "이제 너는 하느님의 아들이다. 이제 너는 하느님의 아들이 되었다. 우리 교회, 성 패트릭 성당에 오면 맨 앞자리에 앉거라" 말했어요.

성사가 끝나고 그레고리는 주교님의 말을 기억했어요. 그리고 많이 아픈데도 불구하고 일요일에 성 패트릭 성당으로 왔어요. 그가 문을 열고 들어가니까 사람들이 "이 사람이 누구지?" 의아해했어요. 마치 노숙자 같았으니까요. 그래도 그는 당당하게 가운데로 걸어가서 맨 앞자리에 앉았어요.

안내를 맡은 사람이 그에게 가서 말했어요. "미안합니다만 여기 앉으시면 안되는데요" 당연히 그는 화가 났지요. "나는 하느님의 아들이요! 오코노 주교님이 나보고 여기 앉으라고 했소" 그러자 그 안내인이 말했어요. "미안합니다만 이 자리는 스페인 왕을 위하여 예약해놓은 자리인데요" 그는 병원으로 돌아갔고 다시는 교회에 나오지 않았어요.


"표지로 책을 평가해서는 안된다"라는 영어속담이 있어요. 겉모양만 보고 사람을 판단해서는 안된다는 것이죠. 말하는 태도나 방법 같은 것으로도 판단하면 안되고요.

내가 남을 이해하는데 시간이 많이 걸렸다는 것을 수없이 경험하면서도 나는 여전히 사람들에 대해 선입견도 많고, 즉석에서 판단하려고도 하고… 그래서 나는 아직도 도전하고 있어요.

'사람을 판단하려 하지 마라' 이것은 내가 꼭 극복해야 할 가치라고 생각해요.

# 신부들 못살게 구는
## 역할 맡았죠

강우일 주교

자신은 의롭지 못하면서 남에게는 완전한 의로움을 요구하는
시대다. 자신의 관심사는 끝없이 떠들면서 남의 관심사는
한마디도 들어주지 않는 시대다.
자신은 지도자가 되려고 하면서 남은 따라주지 않는 시대다.
그래서 남 앞에 나서기보다는 뒤에서 조용히 따라주며,
남의 관심사에 먼저 관심을 가져주는 사람이 그립다.

강우일 주교는 우리의 그런 '그리움'을 채워주는 목자다.
정의를 소리쳐 부르짖지 않으면서도 정의를 행하고 자신의 의롭지
못함을 고백하면서도 늘 새로워지려고 하면서 수십 년간
가톨릭 지도자들의 그림자로 조용히 그 막중한 역할을 해왔다.
강 주교를 만나면 사방이 조용하다 못해 고요해지는 것은
무엇을 말하기보다 들어주려 하는 그의 고요함에 마음은 열리지만
오히려 입은 닫히기 때문일 것이다.

# 서울교구로 입적시켜 주십시오

우리 집안은 믿음이 깊었대요. 어른들에게 들어보면 할머니의 할아버지 때부터 신앙을 가지셨답니다. 할머니가 원래 진주쪽에 사셨는데, 할아버지한테 시집오시면서 합천 땅 해인사 옆에 살게 됐대요.

당시 합천에는 성당이건 공소건 아무것도 없어서 할머니가 밥 지을 때마다 한 공기씩 쌀을 따로 모아두셨다가 나중에 공소 짓는 데 유용하게 쓰셨다고 합니다. 합천에 교회 공동체가 시작되는데 할머니가 큰 역할을 하셨지요.

할머니는 9남매를 두셨는데, 나이 드셔서는 당신은 건강이 안 좋아 성당에 못 가시면서도 아이들이 성당에 안 갈까봐 아이들을 일렬종대로 줄을 세워서 "성당으로 갓!" 하시고, 만약에 중간에 빠진 놈 있으면 나중에 "들어와!" 하시고는 종아리를 때리셨어요.

제 신앙의 뿌리는 할머니이고 나중에는 아버지가 제게 큰 영향을 끼치셨지요. 아버지는 금년 88세이신데 지금도 손에서 묵주를 안 떼세요. 운전할 때도 한 손으로는 핸들을 잡고 다른 한 손으로 용케도 묵주기도를 하시는 거예요. 우리가 보기엔 위험하기 그지없는데도.

아버지 인생은 참 여러 가지로 굴곡이 많으셨습니다. 일본 요코하마에서 학교를 다녔는데 모험심도 있고 도전력이 강하셨어요. 평생 여러 가지 사업을 하면서 성공하고 말아먹고를 되풀이하셨어요. 한국에서 마지막으로 하신 것이 냉동사업이었습니다. 포항 위쪽에 있는 강구라는 곳에 공장을 세우셨는데 사라호 태풍이 불어닥쳐서 공장을 다 쓸어갔어요. 아무것도 안 남기고 깨끗이 다 쓸어갔답니다.

5·16 직후였는데 그걸 다시 일구기 위해서는 은행에서 융자를 받아야 되는데, 처음에는 다 될 듯 싶더니 갑자기 은행에서 안된다고 하더랍니다. 알고 보니 우리 외할아버지가 장면 씨를

도왔다고 쿠데타 세력이 방해한 거였대요. 그래서 다 포기하고 혼자 일본으로 가셨습니다.

일본에서도 고생을 참 많이 하셨어요. 그나마 나중에 하루 세 끼 밥걱정 안했던 유일한 사업이 동경에서 조그맣게 하셨던 여행사 일이었죠. 그냥 비행기 티켓 대행해주는 그 업무만 하셨거든요.

그렇게 굉장히 엎치락뒤치락 굴곡을 겪으면서 아버지의 신앙이 더 깊어지신 것 같아요. '아, 이게 내 뜻으로 되는 것이 아니다. 정말 하느님께서 받아주시지 않는 것은 말짱 도루묵이로구나' 그걸 아주 몸으로 체험을 하신 거예요.

처음에는 그렇게까지 열심하시지는 않았는데 갈수록 신앙이 깊어지셔서 나중에는 정말 손에서 묵주를 놓지 않고 사셨어요.


유명한 일화가 있습니다. 지금은 은퇴하신 동경의 시라야나기 추기경님이 대중목욕탕에 가셨답니다. 추기경 되시기 전이었는데, 탕 속에 들어가니까 누가 "아휴, 대주교님 안녕하십니까?" 하고 인사를 해서 봤더니 뜨거운 사우나탕 안에서 누군가 묵주를 굴리고 있더래요. 우리 아버지였어요.

이 양반이 그 말씀을 주위 사람들에게 다 전해서 나중에 일본 교회에 다 알려지고 그런 믿음이 은연중에 자식들한테도 전염

이 됐다 할까요. 우리 5남매가 다 열심히 신앙생활을 해요.

그 시라야나기 추기경님이 김수환 추기경님 문병 차 서울에 오셨을 때 김 추기경님이 저보고 대신 접대를 좀 해줬으면 좋겠다고 해서 제가 만나뵈었어요. 그때 저한테 또 사우나에서 아버지 만난 그 얘기를 하시더라고요.


초등학교 때 우연히 성체거동행렬을 따르는 소신학교 학생들을 본 적이 있습니다. 두꺼운 안경을 쓰고 조심스럽게 행렬하는 학생들을 보면서 어린 나이에 부모님 곁을 떠나 생활하는 그 형들이 왠지 불쌍하고 안쓰러워보였습니다. 그렇기 때문에 어릴 때 신부되겠다는 생각이 전혀 없었어요.

그런데 고등학교 졸업할 무렵에 우리 집안환경이 여러 가지로 뒤숭숭해서 차분히 공부할 여건이 안됐습니다. 대학시험을 쳤는데 보기 좋게 떨어졌어요. 그러자 아버지가 일본에 와서 공부하는 게 좋겠다고 하셔서 일본으로 갔습니다.

처음에는 건축이나 토목을 공부하려고 했었지요. 토목을 하면 온 땅을 누비고 다니며 왠지 스케일이 클 것 같아서 열심히 1년간 준비했어요.

다른 식구들은 서울에 있고 아버지하고 나만 동경에 있었는데 식사며 빨래는 다 제가 하고요.

입학시험은 다가오는데 마음이 참 이상하게 흔들리더라고요. '내가 좋은 대학 가서 안정된 직장을 얻고 살 수도 있겠지만 그것이 정말 보람 있게 사는 길일까?' 그런 생각이 자꾸 들었어요.

일본 갈 때 들고 갔던 책이 딱 성경 한 권이었어요. 그때만 해도 공동번역 성서가 없었으니까 지금 보면 번역도 부실했는데 그때는 이상하게도 성경 읽는 것이 그렇게 재미있었습니다.

공부하고 밥하고 빨래하는 틈틈이 성경을 매일 조금씩 읽었습니다. 부모님으로부터 신앙에 대한 모범도 많이 배우긴 했지만 그렇게 찬찬히 성서를 읽어보기는 처음이었어요.

아버지도 아주 어려운 때라서 매일 아침 아버지와 같이 미사를 다녔습니다. 그 당시 일본에는 한인성당은 없었고요, 아사부 성당이라는 곳으로 미사를 보러 다녔어요. 한국에서는 복사를 선 적도 없는 제가 거기 가서는 복사를 섰습니다. 일본말은 비교적 쉬워서 몇 달 지나니까 금방 숙달이 되더라고요.

그때만 해도 제2차 바티칸공의회 전이니까 미사전례문도 라틴말로 했어요. 복사와 신부님이 라틴말로 몇 마디 주고받거든요. 몇 자 안되니까 외우라고 해서 외워갔더니 신부님이 깜짝 놀라요.

매일 아침 미사를 다니면서 '내가 과연 모든 사람이 가는 평범한 길을 똑같이 가는 게 옳은 것인가? 그래도 뭔가 세상에 와서 의미 있고 보람있는 삶을 살다 가야 되지 않겠는가!' 하는 생각이 들기 시작하는데, 그 생각이 마치 해일처럼 밀려오는 거예요. 입학시험 치기 한 달 전에 도저히 혼자서는 감당을 못하겠어요.

아사부성당 신부님을 찾아갔지요. "내가 지금 이러 이러한 생각을 하고 있습니다"고 했더니 상지대학교 학장신부님을 소개해주셨어요. 테오도르 게페르트 신부님이라고 독일 분이었는데, 나중에 서강대학교를 설립하신 분이에요. 지금도 서강대 마당에 그분의 흉상이 있어요.

게페르트 신부님과 면담을 했는데, 몇 시간 동안 저한테 이것저것 소상하게 캐물으시더라고요. 있는 대로 다 답변을 했어요. 그랬더니 신학교를 가려면 시험을 봐야 된대요.


아무리 생각해도 한국에 와서 신학교를 들어가는 게 좋을 것 같아서 부모님께 상의를 했지요. 장남인 제가 신부가 되겠다니까 부모님이 큰 충격을 받으셨어요. 어머니는 일주일 동안 식음을 전폐하시고 머리를 싸매고 드러누우셨어요.

아버지도 그런 어머니 보기가 딱하셨는지 "야, 네 엄마가 저런 지경인데 다시 생각해볼 수 없겠느냐?" 하시더라고요. 그런데 그때는 제 생각이 굉장히 확고했기 때문에 "이거는 어떻게 다시 생각하고 말고가 없을 것 같습니다" 하고 말씀드렸어요.

결국은 어떻게 타협을 봤느냐? 일본에서 신학교를 다니기로 했습니다. 제가 한국의 신학교로 들어가버리면 어머니와는 정말 생이별을 각오해야 할 정도였으니까요.

일본 상지대학교 철학과에 일단 시험을 쳐보기로 했지요. 1년 동안 이과시험만 준비한 내가 문과시험에 합격할 수 있을지 걱정이 되었지만 그래도 시험을 봤습니다.

제가 그 시험을 일본학생들과 똑같이 봤거든요. 일본에 간지 1년밖에 안됐고 일본말도 서툴고… 부모님은 혹시 떨어질지도 모르니까 그걸 바라고 허락하셨을텐데 어떻게 합격했는지 나도 모르겠어요. 현대문, 고문을 반반씩 했는데, 고문은 거의 몰랐거든요. 아마 그 신부님이 날 잘 보셨는지 점수만으로 평가하신 게 아니고 따로 판단하셨던 것 같아요.

일본 신학교에 합격했을 때 어머니는 처음에 섭섭하여 굉장히 힘들어하셨어요. 그런데 나중에 제가 신부 되고 나서는 너무 너무 행복해하셨습니다. 어머니와 가족들도 제가 신학교 간 1년 후에 일본으로 오셨고요.

일본은 그때 신학교 시스템이 철학 4년, 신학 4년으로 되어 있었는데 철학 학부를 졸업하고 나서 신학 학부 공부를 하게 되어 있습니다. 그리고 신학생들은 모두 수도회 아니면 교구에 소속이 되어 있어서 기숙사 생활을 합니다.

저는 소속 교구가 없으니까 입학한 후 첫해는 일반 철학과 학생들처럼 집에서 통학을 했어요. 1년이 지난 뒤 게페르트 신부님이 "이제는 네가 신학생 생활을 실제로 해봐야 된다. 그래야 나중에 성직자가 될 수 있다"고 하셔서 2학년 때부터 기숙사에서 생활했지요.

그런데 나는 소속 교구가 없으니까 그게 고민이잖아요. 때마침 서울교구 노기남 대주교님이 바티칸공의회 마지막 회의 참석차 로마에 가신다는 걸 알게 됐어요. 아버지하고 나하고 둘이서 도쿄 하네다 공항에서 기다리고 있다가 노 주교님을 붙잡았지요.

노 주교님이 아버지의 선생님인지라 예전부터 잘 알고 있었거든요. 아버지가 명동의 계성소학교 다닐 때 노주교님이 계성소학교 사감으로 계셨대요.

주교님한테 사정을 다 말씀드리고는 "저를 서울교구로 입적시켜 주십시오"하고 청했어요. 제 사정을 다 듣더니 노 주교님이 "어, 그래 좋아. 들어와!" 하셨어요. 그런 과정을 거쳐서 제

가 서울대교구 신학생으로 등록을 했습니다. 그러니까 서울대
교구 소속의 일본유학생이 된 셈이죠.

# 사막에서의 20일

신학교 때 가장 영향을 끼친 스승은 저를 신학교로 인도해주신 게페르트 신부입니다. 제가 철학과 2년을 다닐 동안 그분이 신학교 학장으로 계셨어요. 그때 신학생들은 다 일본교구나 수도원 소속이고 한국인은 나 혼자밖에 없었습니다.

신부님 입장에서는 김수환 추기경도 당신이 아끼는 제자였고, 또 서강대학교를 설립할 기초를 놓을 정도로 한국에 각별한 애정을 가지고 계셨기에 부족한 나를 신학교에 받아주고 배려해주신 것 같아요.

그걸 알기에 저도 열심히 했고, 그래서 신학교 입학 동기생

스물한 명 중 나를 포함해 다섯 명이 나중에 신부가 되었습니다.

신학교에 들어가면 학비와 생활비를 다 교구에서 주는데, 저는 서울교구로부터 땡전 한 푼도 받을 처지가 못됐어요. 그런데 그런 비용도 게페르트 신부님이 독일의 독지가들을 통해서 다 해결해주셨지요. "너는 걱정하지 말고 공부만 해라" 하시면서. 그렇다고 저보고 은인한테 편지를 쓰라든지 그런 말씀도 일체 없어요. 그냥 오로지 "너는 공부만 해라" 하셨죠.

신부 되고 나서 일본에 갈 때마다 인사를 드리면, "내가 김수환 추기경하고 너를 위해서 항상 기도하고 있다"고 말씀해주시곤 하셨어요. 2002년에 선종하셨지요.

또 한 분은 학교재무를 담당하던 예수회 가마타 신부님이신데, 게페르트 신부님의 명을 받아서 저를 여러 가지로 배려해주셨어요. 외모는 '노트르담의 꼽추'에나 나올법한 괴상한 얼굴이신데 마음은 그렇게 따뜻하실 수가 없었습니다. 만날 때마다 "너 부족한 거 없냐?"고 물어보시면서 참 잘해주셨어요.

그 두 분이 제가 다른 데 마음 안 쓰고 공부에 전념할 수 있도록 뒷바라지를 해주셨습니다. 신학교 학부를 마치고 나니까 대학원 공부를 하라고 하셔서 상지대학교 대학원을 갔고, 또 더 공부하러 가라고 해서 로마로 유학도 갔습니다.

대학 졸업하자 저를 바로 한국으로 보낼 수도 있었고 학비나 생활비도 만만치 않았는데, 한국인 신학생에게 대학원 공부를 시키고 유학까지 보내셨어요. 그때 일본신학교에서 몇 명씩 유학을 보내는데 그 판단은 신학교 학장님이 하셨어요.

저보고 로마에 가라고 한 분은 게페르트 신부님 후임으로 오신 바른부스타 신부님인데 체코 분이었어요. 대학원을 마칠 무렵 저를 부르더니 별말씀 없이 그냥 "로마로 가라" 하시더라고요. 선생님이 가라고 하니까 "아 그렇습니까?" 하고 그냥 갔던 겁니다. 그전에 저는 로마는 꿈도 못 꾸었어요.

로마의 우르바노 대학원을 다녔습니다. 졸업하고서 공부를 더 할지를 고민했는데 그때는 유학생에 대한 교황청 방침이, 신학을 끝내면 일단 귀국을 해서 본국에서 사목생활을 하다가 다시 와서 박사학위를 하라는 거였어요. 대개 유학생들은 본국에 갔다가 또 오는 과정이 귀찮으니까 우르바노 대학원이 아닌 다른 대학으로 가서 학위를 하더라고요.

저는 그때 귀국결심을 굳히고 있었어요. 내 마음과 영혼은 커지지 않는데 머리만 너무 커져버렸다는 생각이 들었거든요. 그 상태로는 내가 신부가 된들 기쁘게 사제생활을 할 수 있을 것 같지가 않았어요.

그래서 그때 서울교구장이셨던 김수환 추기경께 청했지요. "서품받기 전 1년 동안 머리와 몸이 같이 움직이는 시간을 갖고 싶습니다. '예수의 작은형제회'에 가서 1년 동안 같이 살겠습니다" 하고요.

로마에 있는 동안 서양학문을 공부하면서 어떤 한계를 느꼈습니다. 서양사람들은 신앙도 학문으로 보고 체계적으로 정리해서 논증을 하는데 사람의 신앙이나 영혼이 학문으로 일목요연하게 다 정리될 수 있는 것이 아니잖아요!

뭐든지 이성적이고 합리적인 사고방식만 강조하는 서양사람들의 태도가 굉장히 마음에 걸렸습니다. 특히 우리 동양사람들에게는 신앙이 합리적인 것만으로 납득이 안되는 부분이 있잖아요. 그래서 '더 이상 여기서 학위를 할 의미가 없겠구나' 하는 생각을 하고 박사학위를 포기한 거죠.

사실은 제가 그전부터 수도회를 자주 찾았어요. 매주 목요일은 수업이 없고 조용히 자습하는 시간이었는데 그럴 때면 '예수의 작은자매회'가 있는 트레포탈이라고 하는 곳에 갔어요.

그때 예수의 작은자매회 수녀님들이 스스로 땅을 파고 수녀원을 짓고 있었어요. 거기 가서 흙을 파고 나르는 일을 도왔습니다.

제 인생에서 처음으로 몸으로 하는 일을 해본 것인데, 일주일에 한 번씩 거기에 가면 숨통이 트였습니다. 몸과 마음으로 성찰할 기회를 갖게 된거죠. 그 기쁨을 맛보게 되니까 온전히 '예수의 작은형제회'에서 같이 살면서 몸으로 부딪쳐보고 싶다는 생각을 하게 됐던 거예요.

처음에 스페인으로 갔습니다. 예수의 작은형제회 수련소가 스페인의 펀네트라고 하는 시골에 있었거든요. 우리로 치면 강원도의 어디 오지마을쯤 되는 곳입니다.

그곳에서 수도회 수사들하고 넉 달을 살았어요. 하루 중 오후 반나절은 기도하고 오전에는 동네 농가에 팔려가는 거예요. 그날그날 무슨 무슨 일을 해 달라고 하면 우리가 품팔이를 하러 그 집에 가지요. 돼지우리도 치우고 닭장 청소도 하고 밭에 돌 골라내는 작업도 하고, 올리브 열매도 따고….

그렇게 펀네트에서 4개월을 지내다가 옛날 예수의 작은형제회 샤를르 드 푸코 신부님이 복음을 선포하셨던 사하라사막으로 갔어요.

예수의 작은형제회에서는 종신서원하고 10년 이상 수도생활한 분들이 '사막의 해'라고 해서 1년을 조용히 노동하면서 관상

하는 시간을 갖거든요. 제가 거기 가서 또 3개월을 있었습니다. 사막 한복판에서 피정도 한 20일 했고요.

아무도 없는 정말 외딴곳에서 하느님을 좀 더 가까이 접하고 싶다는 마음에서 사막에 갔습니다. 그런데 막상 가보니 너무너무 낯설었어요. 올 데가 아닌 곳을 온 것은 아닌가, 딴 동네에 온 듯한 느낌이었어요. 그런데 살다 보니까 거기도 사람들이 사는 동네예요. 다 인간적인 대화가 통하는 곳이더라고요.

20일간 피정하러 간 곳은 벨라디오터라고 지중해 연안에서부터 1,000km 더 내려가는 알제리 사막지역이에요. 오아시스가 있고 마을이 형성되어 있는데 거기에서도 자동차를 타고 90km 들어간 곳이 피정장소였어요.

주위에는 아무것도 없고 돌을 쌓아 엉성하게 지어놓은 오두막 두 채만 있어요. 그런 곳에 나하고 예수의 작은형제회 수사한 분하고 피정을 갔습니다. 다른 수사들이 우리 둘을 자동차에 태워서 거기에 떨어뜨려 놓고 갔지요.

통신도 안되고 신변에 무슨 일이 있어도 부를 수도 없는 완전히 고립된 곳이에요. 내 오두막과 100m쯤 떨어진 저쪽에 오두막 한 채가 있는데 그 20일 동안 둘이 한 번도 안 만났어요.

처음 일주일 동안은 아주 힘들었습니다. 하느님과 깊은 신비

체험을 하겠다면서 혼자서 하루 종일 기도하고 책 읽고 지내는 데도 도대체 마음이 평안해지지가 않아요.

너무 낯설고 너무 조용하니까 귀가 울리는 이명현상까지 생겼어요. '이러다 내가 미치는 것 아닌가' 하는 생각까지 들더라고요. 혼자 있으니 정말 오만가지 생각이 다 들어요.

예수님이 사막에 가서 40일 동안 단식하고 유혹을 받으셨잖아요. '아! 예수님이 이래서 유혹을 받으셨구나' 하는 느낌이 딱 실감나요.

오두막 안은 한 평 정도 되는데 누우면 내 몸 하나로 꽉 차요. 출입문이라고 하나 있는데 문이 열리고 닫히는 그런 문이 아니라 그냥 사람이 드나들도록 구멍만 나있는 문이에요. 밤에는 바람이 심하게 불고 담요를 덮고 자도 추워요. 저쪽에서는 늑대 비슷한 자칼이라고 하는 짐승들이 울부짖는데 정말 무섭기도 하고 별의별 생각이 다 들어요.

어느 날은 내 오두막 위 지붕에서 발소리가 나요. 뚜벅뚜벅 누가 걷고 있는 거예요. 깜짝 놀라 일어나보면 지붕이 누가 걸을 수가 없는 곳이에요. 천지사방에 아무도 없는데 그게 바람의 조화인지… 도무지 모르겠어요.

처음엔 그런 온갖 것에 시달리면서 굉장히 힘들었는데, 마지

막 열흘은 평화스러워졌어요. 이명현상도 일주일 지나니까 조금 괜찮아졌고요. 그렇게 어려운 사막생활을 어떻게 견뎠는지 제가 생각해도 놀라워요.

밥을 해먹어야 하는데 연료가 없잖아요. 오두막을 나가서 여기저기 말라비틀어진 나뭇가지를 주워다 땔감으로 썼어요.


그 20일 동안 아무도 못 만났는데 딱 한 번 낙타를 끌고 다니는 유목민 한 사람과 맞닥뜨리게 됐어요. 그 사람도 나를 보고 깜짝 놀랐고 나도 그 사람을 보고 깜짝 놀랐어요. 아무도 없는, 그야말로 사막 한복판에서 예고도 없이 둘이 딱 마주쳤잖아요. 다 늙은 할아버지예요. 얼굴이 진짜 새까매요.

그런데 말이 통해야지요! 제가 원주민 말을 아는 것도 아니고 그 사람이 불어를 알아요, 영어를 알아요! 사막 한복판에서 만났는데 이건 문명의 껍질을 벗은 자연의 사람, 정말 인간 대 인간이 만나는 거예요. 외딴곳에서 사람을 만나니까 너무너무 기쁜 거예요. 말은 안 통해도 하여튼 붙잡고 "아! 반갑다"고 온 표정으로, 온몸으로 기뻐하면서 인사를 나눴어요.

평생을 햇볕에 새까맣게 타고 말라비틀어진 그 할아버지의 얼굴이 지금도 잊혀지지 않아요. 얼굴이 온통 주름투성이고 쭈글쭈글한데도 정말 사막에서 형제를 만났다는 느낌으로 환하게 인사를 하니까 '사람의 얼굴이 이렇게 아름답구나' 하는 것을 느꼈어요.

처음에 우리를 다시 태우러 오기로 한 자동차가 2주 후면 온다고 그랬거든요. 그런데 14일이 지나고 15일이 지나도 안 오는 거예요. '이게 어떻게 된 건가?' 불안해지고 맹장 있는 데가 슬슬 아파오는 것 같고, 이 사막에서는 탈이 나도 어떻게 할 방법이 없어요. 연락도 못할뿐더러 방향이 어딘지도 모르기 때문에 걸어갈래야 걸어갈 수도 없어요.

그래서 아주 난감해하고 있었는데, 20일 만에 우리를 태우러 자동차가 왔어요. 그 반가움이란….

하여튼 그때 '혼자서는 못 살겠구나! 사람은 함께 살아야겠구나!' 하고 느꼈어요. 그전에는 수도자로서 은둔생활도 해봐야겠다는 생각을 했었는데 그 생각이 싹 가셨지요.

# 신부들 못살게 구는 역할 맡았죠

일본으로 돌아와서 6개월 동안 일본 '예수의 작은형제회' 수사들하고 같이 살았습니다. 스페인의 파를레떼에서처럼 오후 2시까지는 동경 중앙어시장에서 생선배달을 하고 그 남은 시간은 기도하는 생활을 했지요.

1974년 귀국해서 사제서품을 받았습니다. 만 3년을 공부하고, 1년 동안 스페인으로, 알제리로, 다시 일본으로 돌아다녔어요. 다른 신학생들은 체험하지 못한 삶을 살아본 것이지요.

그때는 실제체험 없이 공부만 하면 막 숨통이 막혀 그렇게 할 수밖에 없었어요.

서양사람들이 진리를 그냥 머리로만 받아들이고 있다는 느낌이 들었거든요.

'머리로야 좋은 것을 다 이해하지만 몸으로는 전혀 실천을 못하고 있는데, 그런 상태로 사제품을 받아봐야 과연 얼마나 제대로 살 것인가. 조금이라도 뭔가 복음적인 삶을 살아야 나중에 사제 흉내라도 내지 않겠는가' 그런 생각이었어요.

머리로 하는 것하고 몸으로 하는 것은 완전히 달라요. 푸코 신부님은 정말 어느 누구한테도 교리를 가르치지 않으셨어요.

사제품 받고서도 수도회에 들어가지 않고 혈혈단신 아프리카 사하라사막의 오지에 가서 도시문명, 그리스도교문명과 전혀 무관한 원주민들에게 "말로써가 아니라 내 삶으로써 복음을 전파하겠다" 하셨습니다. 그 양반만의 독특한 선교였어요.

그분의 삶 자체가 아주 드라마틱합니다. 본래 육군사관학교를 졸업한 장교였는데, 트라피스트 수도원 문지기로 계시다가 혼자서 사제품을 받으셨지요. 그분의 삶에 많은 감동을 느껴서 저도 조금 그 맛을 보겠다고 사막까지 찾아갔던 것입니다.

사제서품을 받고 나서 보좌신부 생활을 2년 했어요. 첫해는 중림동성당, 그다음 해는 명동성당에서 하다가 1977년 교구장 비서로 서울교구청에 들어갔습니다.

비서를 1년 정도 했을 때 경갑용 주교님이 서울교구 조직을
새로 개편하시면서 홍보교육국을 만들어 교육과 홍보 양쪽의
일을 제가 다 맡았습니다.

나중에 제 일이 너무 많다는 것을 아시고는 좀 안돼 보였는지
"홍보와 교육을 둘로 갈라서 둘 중에 네가 하고 싶은 것을 해
라. 한 사람 더 보내줄게" 그러시더라고요. "그럼 저는 홍보 쪽
으로 가겠습니다" 했더니 "아니야, 너는 교육 쪽이야" 하셨죠.

〈가톨릭신문〉이 있었지만 교구도 다르고 또 각 교구마다 특
성이 있으니까 그 특성을 살려야 한다고 생각했어요. 그동안 주
보를 본당신부님들 재량에만 맡겨놨더니 너무 중구난방이라서
하나로 모으는 작업이 필요하겠다 싶더라고요. 그래서 〈서울
주보〉가 탄생하게 된거죠.

주보라는 게 외국에도 있긴 한데 그냥 미사전례만 적혀있는
형식입니다. 처음엔 굉장히 어설프게 시작했지만 차츰차츰 지
금의 꼴을 갖추어갔지요. 저는 주보 편집하고 글 쓰는 일이 더
보람 있을 것 같아서 홍보국 일을 하겠다고 했는데, 경 주교님
은 저보고 청소년 교육을 맡으라고 하셨어요.

1978년부터 서울교구 교육국장을 하면서 교육국에서 교사학
교도 시작하고 주일학교 교육을 체계화하려고 했지요.

7년 후, 오래하기도 했고 너무 힘들어서 "이제 그만하게 해주십시오. 나가서 사목하겠습니다" 하고 주교님께 여러 번 말씀드렸더니 1985년에 난데없이 난곡동 본당으로 가라는 거예요. 사실 속으로는 안식년을 받아서 이스라엘로 성지순례를 하려고 했거든요.

9월에 난곡동성당 주임신부로 갔는데 이듬해인 1986년 2월에 주교품을 받게 되어 본당생활을 5개월밖에 못했지요. 지금 생각하니 그때 주교님들이 제게 주교품을 주려고 미리 작심을 하시고, 잠시라도 본당신부 생활을 하라고 보내셨던가 봐요.

주교품을 받을 때 41세밖에 안됐으니 지금 생각하면 제가 그때 참 어떻게 했는지 몰라요. 무식해서 용감했던 것인지 참 멋모르고 받은 것이지요.


서울교구 교육국에 있으면서 가장 역점을 두었던 일은 '사제재교육' 부분이지요. 해마다 프로그램을 만들어서 강사를 초빙하는 일, 연중 피정 프로그램 기획하고 만드는 일을 하는데 전부 신부들을 대상으로 하는 거니까 굉장히 신경이 많이 쓰였어요.

사제들이 신학교 때 배운 것만 가지고 평생을 우려먹는다는 것은 말이 안되잖아요. 끊임없이 성장시키기 위해서 자꾸 프로

그램을 만들어서 신부들을 못살게 구는 역할을 맡았죠.

'성서학원' 프로그램도 만들어서 신부들에게 성서교육도 했습니다. 옛날 신학교에서는 신학생들이 성서교육을 제대로 못 받았거든요. 그래서 제주의 서인석 신부, 정양모 신부, 심용섭 신부 이런 성서학자들을 모셔다가 서품 25주년 이상 된 원로신부들에게 성서 재교육을 받도록 해 드렸지요.

그런 나를 보면서 '저 사람은 학자라서 자꾸 가르치려고만 한다'는 느낌을 받았을지도 모르겠어요. 교육국 일을 하면서 신부들에게 부담 주는 일, 힘든 일들을 자꾸 시켜서 제가 여러 번 원성에 올랐어요.


교구청에 있으면 사제들과 관련해 여러 의견들이 올라오잖아요. 특히 서품 받고 얼마 안된 새 신부들에 대해서는 본당에서 자꾸 무슨 소리가 들려오지요.

자기 나이에 걸맞지 않게 신자들을 함부로 대한다는 말도 나오고 하니까 '새 사제 학교'라는 것도 시작했어요. 그랬더니 새 신부들이 입이 이만큼 나왔어요. "배울 것 다 배우고 사제품까지 받았는데 또 붙잡아놓고 뭘 교육을 시키느냐?" 그거지요.

그런데 새 사제들에게 신자들을 가르친다는 생각보다는 아직도 배워야 한다는 의식을 심어주어야겠더라고요. 그래서 서품

받은 뒤에도 '아직 나는 피교육자다'라는 의식을 갖도록 일부러 6개월 동안 본당에 안 내보내고 교육을 했습니다.

신부들이 그걸 굉장히 부담스럽게 여기고 어떤 때는 비협조적인 자세로 나오기도 했어요. 그러다가 몇 년 지나고 나서야 그게 아니라는 것을 깨닫더군요.

처음에는 교육국 일을 저 혼자 하다가 일이 많아져서 나중에는 각 영역별로 부서를 맡은 신부들이 10명 가까이 됐어요. 그때 정말 몸을 아끼지 않고 사목에 투신하는 분들을 여럿 만났습니다. 저도 그분들을 신뢰하면서 일을 맡겼고, 함께한다는 기쁨이 있었죠.

저는 일방적으로 지시하지 않고 팀워크로 함께해나가는 편입니다. 교회는 처음부터 팀워크이지, 한 사람이 잘나서 리더십으로 움직이는 건 아니거든요. 그래서 어떻게 하면 서로가 서로를 살려주는 팀워크를 만들 수 있는가에 신경을 썼어요. 신부들, 수녀들과 함께 일하면서 서로의 역할을 인정하고… 그러면 그분들도 신이 나서 합니다. 그래서 굉장히 기쁘게 살았어요.

교구청에서 김수환 추기경과 오래 함께했는데, 추기경의 고뇌도 가장 가까이에서 느끼게 되었어요.

제가 교구장 비서를 하던 그때만 해도 군사정권과의 대결이 아주 치열했었잖아요. 정부에서는 끊임없이 우리를 감시해 우리 전화는 24시간 도청됐습니다. 교구 사제단 내부가 분열되어서 젊은 신부들은 정의구현사제단, 나이 드신 신부들은 구국사제단이니 뭐니 해서 연판장을 돌리고 하는 일도 있었어요.

그런저런 이유로 김 추기경님이 불면증까지 생기셔서 어떤 때는 아침 10시 지나서 부스스한 얼굴로 나오시는 거예요. "어제 또 못 주무셨습니까?" 여쭤보면 "새벽 5시에 잠들었다" 하시고….

그렇게 고뇌 속에서 힘들어하시는데도 사제들은 사제들대로 추기경을 탐탁지 않게 생각하는 흐름들이 있었어요. '추기경이 정부에 대해 정의를 부르짖는 건 좋지만, 교회 내 행정은 왜 그렇게 물에 물 탄 듯 술에 술 탄 듯 시원찮느냐?' 그런 불만이었지요.

그 문제에 대해 추기경님이 얼핏 저한테 하소연 비슷하게 하시더라고요. 당신도 옛날에는 교회행정도 다 조직적으로 하려는 마음도 있었고 또 그런 능력도 가지고 계셨는데, 1970년대는 젊은 신부들의 정의구현 흐름과 이를 견제하려는 나이든 신부들 사이에 끼어서 시대문제로 진통을 겪느라고 당신이 너무나 힘드셨다는 거예요.

"사람들이 나를 보고 일어서면 일어섰다고 하고, 앉으면 앉

았다고 하고. 그래서 일어서지도 못하고 앉지도 못하고 어정쩡
하게 됐다. 그렇게 살다 보니까 행정력이 없는 것처럼 얘기들을
하더라. 그런데 그 시절에는 그럴 수밖에 없었다"고 하시더라
고요.

"강 주교는 김 추기경과 무척 가깝다"는 얘기도 들리지만 남
이 나를 어떻게 생각하느냐 하는 것은 중요하지 않아요. 그게
내 마음대로 되는 게 아니거든요.

저하고 김수환 추기경님하고는 처음부터 굉장히 많은 공통분
모가 있었던 것 같아요. 그분이 사회정의를 위해서 애쓰시고 사
회의 어려운 이들, 힘든 이들에 대해 각별한 관심을 갖고 있었
어요. 저도 신부 되기 직전에 '예수의 작은형제회'에 가서 푸코
신부님 사시는 모습을 나름대로 체험해보고자 할 정도로 그 부
분에 관심이 많았거든요.

동일방직 사건이 터져서 노동자들이 명동의 문화관에 와서
10일 이상 단식하며 쓰러져 병원에 실려가는 일도 있었고, 상계
동 철거민 문제 같은 도시빈민 사건도 터졌고… 그 시절에 그런
사건 사고가 오죽 많았습니까!

그럴 때마다 항상 힘든 분들 편에 서주셨어요. 저도 추기경님
의 사상과 생각에 동참했고요. 추기경님도 그런 저를 신뢰하셨

기에 모든 일을 마음에서 우러나와서 기쁘게 할 수 있었습니다. 그걸 가지고 주변에서 뭐라고 했는지는 모르지만 저는 추기경님하고 함께 일할 수 있어서 참 좋았습니다.

우리 사회가 어느 정도 민주화가 되고 난 뒤에 경갑용 주교님이 서울교구로 오셨지요. 김 추기경님이 정말 골머리 아파서 손못 대시던 행정부분을 경 주교님이 하나하나 정리를 잘했어요.

행정적으로나 조직적인 측면에서 서울교구의 틀을 만드신 분이십니다. 서울교구에 관리국, 사무처, 사목국밖에 없었는데, 홍보교육국을 만드셨고 조금 있다가는 교육국을 따로 독립시키셨지요. 나중에는 성소국도 만드셨고요. 그래서 교구가 체계가 딱 잡혀갔지요.

그전에는 서울교구 재정상태가 말이 아니었어요. 해마다 본당에서 교구청에 내는 교구 납부금도 제대로 안 냈는데 그것을 딱 정착시킨 게 경 주교님이세요. 경 주교님이 오셔서 서울교구의 틀을 잘 잡으셔서 그 후에 서울교구가 급성장했습니다.

서울교구가 그렇게 체계를 잡아가는 과정에서 김 추기경님, 경 주교님하고 함께 일할 수 있었던 것이 큰 보람이었습니다.

그러던 중 1995년 가톨릭대학교의 초대 총장을 맡았어요. 신학교와 의과대학뿐이던 가톨릭대가 지금의 큰 종합대학으로 발전할 수 있었던 발단은 부천 성심여대에서 시작됐어요. 대학은 대학 나름의 시스템으로 굴러가야 되는데 수녀님들만으로 그것을 감당하기에 너무 버거우셨던가 봐요. 수녀님들의 성소도 그렇게 많지 않았고요.

성심여대도 여자대학이라는 사실에 어떤 한계점을 본 것 같았고요. 성심재단 쪽에서 저보고 학교이사회에 들어와 달라고 불러서 이사회에 들어가 3년 정도 함께 일하면서 느꼈지요.

근본적인 변화가 필요하다는 것을 절감한 성심여대 이사진들이 추기경께 통합을 청원했고, 추기경님이 제게 통합을 위한 종합대학설립위원회를 구성하라고 하셨죠.

원래는 서울대교구 차원에서 가톨릭대학을 종합대학으로 키우려는 의도를 가지고 종합대학연구위원회가 먼저 발족이 됐어요. 그래서 제가 종합대학 예정지로 12만 평의 땅을 구입했었지요. 그런 때에 통합제안이 왔기 때문에 통합위원회로 이름을 바꿔서 더 큰 틀로 추진하게 됐던 것입니다.


그런데 막상 추진하려니까 성심여대 총학생회도 반대하고 동창회도 반대했어요. 총학생회장은 학교건물 옥상에서 뛰어내려 죽겠다고 할 정도로 반대가 심했습니다.

그래서 성심회 수녀님들도 그렇고 저도 '지금은 시기가 아닌가 보다' 하고 그냥 접었지요. 그런데 얼마간 시간이 지나면서 학생들도 교수진도 '이대로 가다가는 아무것도 안되겠다'고 느꼈는지 조금씩 분위기가 바뀌더라고요.

성심학교 동창회에서 "통합얘기는 이제 끝난 겁니까?" 하고 저한테 물어와서 "우리는 언제든 재론할 준비는 되어 있습니다" 했지요. 그래서 다시 통합논의가 재개됐는데, 그 뒤로도 성심여대 구성원들이 통합을 받아들이기까지 1년이 걸릴 정도로 쉽지는 않았어요. 결국은 1995년에 신학교와 의과대학, 성심학교의 통합이 이루어져서 지금의 큰 학교가 됐습니다.


1995~96년 북한지역에 수해가 크게 나서 굉장히 힘들었잖아요. 그 무렵에 제가 주교회의 민족화해위원회 일을 하고 있어서 북한주민들에 대해서 관심을 많이 가지고 있었어요.

북한에도 한번 가고 싶었는데 그쪽에서 연락이 오기를 "주교님이 오시는 것은 환영합니다. 그런데 오시면 북한주민들, 신자들에게 좀 주셔야 된다"면서 그때 돈으로 정 추기경님한테는 50억 원을, 저한테는 20억 원을 달라고 하더라고요. 그러니 제가 북한에 어떻게 가요. 돈 주면서는 못 가지요.

하지만 주교회의 민족화해위원회 위원장으로서 모스크바에

도 서울교구 신부들을 파견했습니다. 모스크바의 한인들, 주재원들을 위해서도 사제가 필요하고 고려인들과 모스크바 쪽으로 넘어오는 탈북자들을 위해서 여러 가지 목적으로 파견했었지요. 물론 결정은 다 교구장님들이 하셨지만 제가 관심을 가지고 도와드렸지요.

# 제주를 평화의 디딤돌로

　제가 제주에 와서 그전에는 몰랐던 '4·3사건'에 대한 제주도민들의 가슴속 정서를 느끼게 됐어요. 역사적으로 제주는 죄인들을 보내는 유형지였고 끊임없이 육지로부터 당해오기만 했지요. 정부가 뭘 보태줬던 지역이 아니란 말이에요.

　특히 4·3사건은 3만여 명이 학살을 당했으니까 5·18과는 상대가 안되는 엄청난 비극이거든요.

　어느 날 갑자기 집에 군경이 들이닥치더니 짐을 싸라고 하면서 집을 불태우고 그냥 총칼로 가족을 죽여버렸다는 거예요. 그런 일들이 수없이 일어난 거지요. '같은 동족으로서 어떻게 이런 일이 있을 수 있는가?' 하는 응어리들이 가슴에 차있더라고요. 그런데도 국민들이 4·3사건에 대해 가지고 있는 정서의 밀도는 5·18의 10분의 1도 안되는 것 같아요. 우리 스스로가 저지른 과오를 깨달을 수 있도록 교회가 도와야 한다는 생각을 하게 됐어요.

교회가 당연히 응어리진 지역민의 아픔을 달래주어야지요. 그 상처에서 헤어나야만 다른 비전도 볼 수 있잖아요? 교회가 투쟁보다 공연이라든지 음악이라든지 문화예술을 통해 역할을 더 잘할 수 있다고 봐요.

저도 그 부분이 굉장히 중요하다고 생각합니다. 지금은 교회 차원에서 잊혀진 그때 일을 기억해내고, 그 기억을 뛰어넘어서 보다 더 큰 평화를 위한 활동을 전개해 나가려고 뜻을 모으고 있어요.

'하느님께서 제주에 4·3사건이라는 시련과 고통을 주셨다면 그것은 제주를 평화를 위한 디딤돌로 삼기를 원하시는 것이다' 역사적으로 인류가 전쟁으로 평화를 만든 적은 없습니다.

힘을 축적하면 할수록 반드시 그 힘을 사용할 수밖에 없었던 게 역사의 가르침이에요. 이걸 어떻게 문화예술로 승화시키고 생명의 문제, 평화의 문제로 끌어가느냐 하는 것을 교회가 더 고민해보아야 하지 않을까 싶습니다.

5·18도 주로 정치적인 운동에 머무르고 있는데 우리 교회는 정치가 할 수 없는 더 큰 것을 추구할 수 있죠. 히로시마는 매년 8월 6일만 되면 원폭투하기념 평화제전을 열어서 세계 각국의 인사들이 히로시마에 모여 평화를 생각하고 핵무기 문제를 토론하고 문화 축전을 벌이거든요.

로마에서 같이 공부했던 일본인 동창신부가 시민단체와 함께 그 일을 주도하는데 교회가 평화문제에 깊숙이 파고들고 있어서 '아! 저것 참 잘하고 있다'라는 생각이 들어요.

일본교회가 일본사회에서는 아주 작은 마이너리티인데도 히로시마 평화축제에서는 리더격으로 활동해요. 토론도 원폭문제뿐만 아니라 일본사회가 노출하고 있는 다른 반평화적인 이슈까지 끄집어내서 토론하고, 또 다른 활동도 연대해서 함께하고….

일본교회는 그런 면에서 우리보다 수는 적지만 그런 면에서 상당히 진취적입니다. 사회 속에서 복음을 살아내려고 노력해요. 우리도 사회문제를 다루더라도 너무 정치적인 방법으로 접근할 것이 아니라 차원 좀 더 높여야 하지 않을까요?

제가 교구장으로 부임한 2002년 이후 제주지역 가톨릭 신자가 제주인구의 10%가 넘을 정도로 늘었어요.

제주는 한꺼번에 많이 늘지는 않고요, 조금씩 조금씩 모여요. 요즘 저는 우리 신부님들한테 영세 많이 주라고 강조 안합니다. 어떻게 하면 냉담을 안 시킬까! 그것이 더 중요합니다. 세례 받아서 교회에 들어왔으면 교회 체험을 제대로 하도록 하는 것이 사목이지, 그냥 물만 갖다 붓고 끝낼 수는 없지 않아요?

제주교구장으로서 정말 독자적으로 잘 해봐야 되겠다고 소망한 게 있었어요. 형식적이지 않고 살아있는 전례와 성사를 집행하도록 하는 방법을 찾아보고 싶었어요.

바오로 사도의 표현에 의하면 세례성사는 '묵은 인간을 땅에 묻어버리고 부활하신 그리스도의 새 생명을 받아서 새롭게 탄생하는' 굉장한 체험이지요.

세례란 예수님의 수난과 죽음과 부활의 신비를 한 인간이 자기 삶속에 그대로 받아들이는 중요한 것이니까 그것을 표현하는 것도 그만큼 진지함과 깊이를 가지고 표현되어야 정말 알찬 세례성사가 될 수 있다는 것이지요.

그런데 우리는 '빨리빨리' 문화가 퍼져서 서너 달 아니면 6개월만 지나면 세례를 줘버린다고요. 제2차 바티칸공의회 이후에도 세례성사를 줄 때는 예비자 정화기간도 거치고 단계별 예식을 하도록 되어 있는데 우리는 그 단계를 무시해 버리고 끝에 가서 한꺼번에 해버려요. 이것은 제2차 바티칸 전례정신을 전혀 살리지 못하고 있는 것입니다.

그래서 저는 '이건 아니다. 세례성사도 단계별 예식을 해야 한다. 세례라는 게 죽었다가 새로 태어나는 것인데, 이마에 물 조금 붓고서 끝낸다는 것은 말이 안된다. 정말 죽었다가 다시 살아난다는 느낌을 체험하게 하는 예식이 되어야 한다'고 생각해요.

예를 들어 욕조를 만들어서 품격 있게 장식을 하고 온몸이 물에 잠기도록, 즉 침례가 되도록 한다면 죽었다가 살아나는 그 느낌을 본인도 받고 주변의 사람들도 느낄 수가 있지요. 요즘 새로 건축하는 미국의 성당들은 세례당을 따로 만들어요. 욕조를 만들어서 그 안에 걸어 들어가서 세례를 받고 걸어 나올 수 있도록 하거든요.

그래서 주교좌성당에서는 작년 세례식 때부터 욕조를 제대 앞에 갖다 놓고 걸어 들어가라고 했습니다. 완전히 물속에 잠기게 하고 나서 세례를 주도록 했습니다. 그걸 경험해본 사람은 느낌이 다르다고 해요. 지난 부활절 때도 그렇게 했습니다.


전임 김창렬 주교님이 신앙이 굉장히 뛰어나신 분이시잖아요. 다른 교구는 판공성사를 봄 판공, 가을 판공해서 부활절 때와 성탄절 때 2번만 하는데, 제주교구는 여름판공을 해요. 8월 성모승천 때도 판공성사를 해왔더라고요.

그래서 처음에는 '어휴, 한여름에 어떻게 그걸 또 하는가! 교구도 힘들고 성사 주는 신부들도 굉장히 힘들 것 같은데…' 생각했는데 실제로 해보니까 참 좋은 전통이에요.

판공성사 기간에는 제주시 본당신부들이 품앗이를 합니다. 오늘은 이 본당 내일은 저 본당 이렇게 다니면서 한꺼번에 같이 하거든요. 김 주교님도 신부들과 같이 다니셨다고 해서 후임인 저도 따라 해보니까 '아! 이래서 좋구나' 하는 걸 알았어요.

여름 판공을 하게 되면 4개월에 한 번씩 고백성사를 보게 되는 것이니까 교우들은 자기 삶을 성찰할 기회를 그만큼 더 갖게 되는 거잖아요.

신부들은 고달파도 교우들이 6개월에 한 번 성찰하는 것하고, 넉 달에 한 번 성찰하는 것하고는 뭐가 달라도 다르잖아요. 그래서 처음에는 버거웠지만 해보니까 '참 잘하셨구나' 생각했어요.

수도자들이 양성되는 것 그리고 사제와 평신도들이 깨어가면서 자기의 역량을 교회 안팎에서 키워나가는 모습을 보면 참 기뻐요. '내가 사제가 되길 참 잘했다. 주교를 이런 것 때문에 하는구나!' 하는 보람도 느끼고요.

제주교구는 3년 전부터 사제연수를 사제와 평신도가 같이 하거든요. 같이하면 신부들도 자극받아서 더 열심히 하고, 수녀들은 수녀대로 좋아하니까 효과가 훨씬 낫더라고요. 덕분에 제주에 평신도 지도자들이 많이 양성됐어요.

그리고 '함께하는 여정'이라는 4개월짜리 예비자 교육봉사자 양성 프로그램을 합니다. 성직자나 수도자, 교리교사가 일방적으로 예비자를 가르치지 않고 소공동체 방법을 통해 준비된 교재로 예비자들과 함께 발표도 같이하고 기도도 같이합니다.

지도자가 일방적으로 끌어가는 것이 아니라 예비자들이 능동적으로 참여하며 배우는 방법이지요. 지도자는 그런 예비자들을 동반하며 조금씩 길 안내를 하도록 되어 있어요. 이렇게 봉사자들이 넉 달 동안 주말 교육을 마치고 본당에서 예비자들과 함께하면 굉장한 보람을 느끼는 것 같아요.

예비자들 중 어떤 사람이 안 나왔다 그러면 즉시 전화해서 '어디 편찮으십니까?' 물어보고 과일이라도 사들고 가면 그 사람이 그다음 주에 안 나올 수가 없잖아요.

관심을 갖고 하니까 예비자들도 거의 탈락자가 없고 다 세례를 받게 돼요. 자기와 함께했던 사람들의 변화를 보게 되니까 봉사자들도 기쁨으로, 사명감을 가지고 하고 있고요. 그렇게 되면 본당에 아주 중요한 지도자 그룹이 형성이 되는 거예요. '함께하는 여정'을 담당하는 사목국장 신부도 아주 신이 나서 하고 있어요. 이렇게 교우들이 자라나고 변화하고 성장하는 것을 보는 것이 제 기쁨입니다.

# 털 깎이는 어미 양처럼

　우리는 배달민족이라고 자랑스러워하지만 외국생활을 해보
니까 한국사회가 얼마나 폐쇄적인지 절감하게 됐어요.

　동남아 나라들도 교세는 우리보다 훨씬 약하지만 굉장히 열
려 있습니다. 다민족, 다종교, 다문화 국가이다 보니까 종교가
다르고 민족이 달라도 함께 대화하고 공존하려는 자세가 근본
적으로 되어 있어요.

　우리가 미사 때마다 고백하는 통공이라는 것은 단순히 하늘
과 땅의 통공만이 아니라 땅 위의 모든 지역과 언어와 문화를
초월해서 하느님 자녀로서 함께하는 통공도 포함되어 있거든

요. 아시아주교회의에도 가보면 인도나 필리핀 같은 영어를 자유롭게 구사하는 분들이 주로 활동해요.

한국이나 일본 성직자들도 언어장벽 때문에 부담스럽더라도 자꾸 교류해야 합니다. 제주교구는 신학생이 군 제대 후 복학하기 전에 필리핀의 '타가이타이'에 보내고 있습니다. 영어도 배우고 포콜라레 사제학교에 가서 공동생활도 하면서 아시아의 신학생, 신부들과 교류할 기회를 주고 있습니다.

울타리 밖에 나가 고생도 좀 해보고, 자기 자신도 성찰해보면 한국교회의 신부들이 얼마나 특혜 받으면서 살고 있는가를 느낄 수 있지요. 저는 한국에 성소가 많은 것도 하느님께서 우리 민족만을 위해서가 아니라 다른 나라를 위해서도 봉사하라는 뜻이라고 생각합니다.


유럽은 신부 한 사람이 본당 서너 개씩 떠맡는 상황인데 우리는 신부는 많은데 보낼 본당이 없는, 말도 안되는 일이 벌어지고 있습니다. 이제는 다른 나라 교회도 우리가 적극적으로 찾아나서야지요.

이제 유럽 가톨릭은 노쇠했다, 쇠퇴했다 이런 얘기를 하는데 유럽에 가서 보면 고색창연한 도심 교회들이 다 파리 날리는 것같이 보이지만 외곽 주택가 쪽에 가보면 아직도 살아있는 교회들이 많습니다. 우리가 겉만 보고 '아! 이제 유럽은 다 끝났다. 우리만큼 하는 데가 어디 있느냐?' 하는 것은 참 오만한 생각이지요.

유럽이 현대 물질문명에 쫓겨 힘든 것은 사실이지만 그 안에는 신앙을 오래도록 지켜온 아주 깊은 생명력이 있습니다. 아직 우리가 못 따라가는 부분이지요. 신앙의 역사가 우리는 200년이지만 유럽은 2,000년입니다. 우리는 유아기이고 저쪽은 이미 성년기를 넘어섰어요.


베네딕토 16세 교황님이 자리에 오르셨을 때도 보수니 강경이니 권위적이니 하며 말들이 많았잖아요.

저는 그분을 시노드에서 처음 뵈었는데 어떤 사안이 나올 때마다 가슴속에 뭐가 꽉 차 있으신지 늘 차분하고 치밀하게 학자적인 논리로 말씀을 하십니다. 그런데 그 말씀이 다 성서적인 근거, 또 교회 전통 속의 근거를 가지고 있어요. 그래서 그때 '참 대단하시다, 정말 학자이시구나. 보통 학자가 아니라 정말로 꽉 찬 학자이시구나!' 하고 느꼈습니다.

그런데 교황님을 개별적으로 알현할 때 뵈니까 마치 어린애 같은 순수하고 순진무구한 모습이 있어요. 근엄한 것은 전혀 없으시고 굉장히 따뜻하게 맞아주세요.

공식적인 자리에서는 단호하시지만 개별적으로 만나뵈면 굉장히 수줍어하시더군요. 우리가 잘 알지도 못하면서 하는 얘기들이 참 많은 것 같아요.

요즘 외국사람들이 우리 종교 열기에 감탄하면서 "한국은 어떻게 그렇게 종교가 잘 되느냐?" 하고 물어보는데, 저는 오히려 걱정이 됩니다. 지금은 우리가 종교열기로 끓고 있지만 다른 나라들과 교류하지 않으면 그 열기가 말라 죽어버릴 수도 있어요. 교류를 통해 배우는 것이 굉장히 많습니다.

그리고 우리나라는 교구의 벽이 너무 높아요. 외국은 조금 더 융통성이 있지요. 또 수도회 활동이 활발해서 교구의 벽이 그렇게까지 높지는 않고요. 우리도 앞으로는 좀 달라지지 않겠어요?

초창기 교회에서 이단도 많이 나오고 여러 문제들이 발생하니까 그것을 보완하기 위해 교구라는 울타리를 만들었습니다. 그런데 지금은 거기에 너무 사로잡혀 있다 보니까 교구 본연의 사귐과 통교와 나눔이 많이 위축됐어요.

우리 교회도 교구끼리 서로 원활하게 소통할 수 있는 시스템이 활성화되어야 한다고 봅니다. '주교회의'도 교류와 협력을 위해 만든 겁니다. 전례라든지 교리에 관한 사항들은 개별 교구장도 반드시 주교회의의 결정이나 방침에 따라서 협력하도록 되어 있지요. 그러나 앞으로는 사목적인 부분에서도 서로 협력과 연대의 강도가 더 높아져야 한다고 느낍니다.

사실 예수님이 우리를 부르실 때 땅 끝까지 가서 복음을 전파하라고 하셨지 어느 교구에 주저앉아서만 하라고는 안하셨거든요. 서울교구 보좌주교로 있을 때 불란서에 사제 2명을 보냈습니다. 한인교포 사목이 아니라 불란서 현지인들의 사목을 위해 갔었지요. 상당히 고생을 했지만 그래도 의미 있는 사목생활을 하고 돌아왔습니다.

그런데 사제를 파견할 때는 사전에 현지상황을 잘 파악하고 보내야 합니다. 케냐의 마차코스 교구에 사제 두 분을 보낸 적이 있어요. 제가 미리 현지답사를 갔었습니다. 거기는 본당신자들의 수는 백여 명이 모일까 말까 하고 공소가 30~40개씩 되니까 본당신부가 끊임없이 공소를 방문하면서 사목을 해야 하는 지역이었습니다.

우리하고는 다른 문화라서 견디기 쉽지가 않아 몇 년 하다가 더 이상 계속하지 못하고 돌아왔어요. 그래도 그 뒤에 잠비아에 또 한 사람을 보낸 적이 있지요.

저는 한국교회가 다른 나라 교회를 위해서도 뭔가 봉사할 수 있으면 좋겠다는 생각으로 많이 보내려고 해왔는데, 우리 신부님들이 외국문물에 적응한다는 게 참 힘든가봐요.

제가 주교가 된 지 벌써 20년이 넘었네요. 목자로서 그야말로 모범을 보여야 되는데, 그게 잘 안되니 힘들지요. 그야말로 좋은 말은 다 골라서 해야 하는데, 그 좋은 말을 입증할 영향력도 안되고, 또 그럴 기개도 없고… 사제의 표상으로 보여야 되는데 날이 갈수록 타성이라는 게 생기고, 그래서 갈수록 한계를 느끼지요.

예전에는 '내가 뭘 이루어야 되겠다'는 생각이 강했는데, 요새는 갈수록 그런 집념도 조금씩 사라지는 것 같아요.

제가 사제상의 모범으로 삼는 성인이 베드로인데, 저는 베드로 사도의 연약한 모습이 더 친근하고 좋아요.

"예수님 위해서 목숨이라도 바치겠습니다!" 이렇게 큰소리쳐 놓고는 금방 세 번씩이나 모른다고 딱 잡아떼는 연약함. 나중에 예수님이 부활하신 다음에 "베드로야 네가 나를 사랑하느냐?" 세 번이나 물었더니 "주님은 아십니다" 대답하고, 그 대화에서 덜 된 자기를 그대로 드러내고 살 수밖에 없었던 베드로 사도가 아주 인간적으로 느껴지고 그런 의미에서 저에게 위안을 주는 성인이 아닌가 생각해요.

제 자신이 그런 부족함이나 무력함을 뼈저리게 느끼곤 하니까요. '정말 이것은 꼭 우리가 가야 될 길이다' 생각하면서 설득하고, 또 그렇게 인도하려고 애를 썼지만 그 마음이 제대로 전달이 안되고 오해를 받는다든지 할 때는 무력감을 느끼지요.

제가 최근 몇 년 동안에 많이 생각한 게, '교회가 뭐냐?'인데요. 옳다고 생각되는 교회의 상을 향해서 다른 사람들도 함께 가주기를 원하는데, 같은 관觀을 공유하지 못하고 함께 가지 못할 때는 참 힘들죠.

예수 이전에도 많은 위인들이 이 세상에 왔다 갔잖아요? 그럼에도 불구하고 예수가 구세주이신 가장 큰 특성이 뭘까? 저는 그것은 결국 이사야서에 나오는 그 '야훼의 종'에 있지 않느냐 하는 생각을 했어요. 그래서 사제 서품성구를 '야훼의 종'으로 정하게 되었어요.

도살장에 끌려가는 어미 양처럼, 털을 깎이는 어미 양처럼 묵묵히 가만히 있는 모습. 꺾어진 갈대를 부러뜨리지 않고 깜빡거리는 신비를 꺼버리지 않는, 가장 작고 연약한 인간도 외면하지 않고 보살펴주시고 다시 일으켜 세워주실 수 있는 아량을 가지신 분이 그리스도 메시아 구세주이시지요.

어떤 위대한 사상을 외치고 책을 쓰고 가르침을 펴도 자기의

온 존재를, 온몸과 마음을 다른 사람을 위해서 내던지시는, 하느님이시면서도 하느님인 것을 굳이 내세우거나 고집하지 않으시고 가장 낮아지신 분, 그것이 예수님이 구세주이신 본질이라고 느꼈기 때문이에요. 그래서 주교품 받을 때도 제 문장 가운데에 양을 그렸지요.

저는 신자분들이 하느님 말씀에 맛들이시기를 정말 간절히 바랍니다. 말씀에 맛들이면 고달픈 세상을 살면서도 얼마든지 다시 일어날 수 있는 힘을 얻을 수 있고, 또 가족 간에 어려움이 있어도 서로 위로하면서 극복할 수 있습니다.

그런 엄청난 보물을 하느님이 주셨는데 그걸 활용하지 못하고 책꽂이에 꽂아두고 있는 것이 제일 안타깝지요. 그래서 제가 고백성사 줄 때도 "매일 조금씩이라도 좋으니까 말씀을 자꾸 읽으십시오. 읽으십시오" 권합니다.

# 그 재능을 왜
## 세속적인 데 써요?

김정남 신부

15년 전 김정남 신부는 다 쓰러져가는 가톨릭다이제스트를
홀로 부둥켜안고 있었다. 한국가톨릭에도 평신도가 만드는 잡지가
반드시 있어야겠다는 생각에서 폐간 위기에 처한 가톨릭다이제스트를
사제 공제조합에서 수천만 원을 빌려 인수했던 것이다.

그깟 종교잡지 하나쯤 없어진다고 무슨 문제가 있겠는가.
그러나 그는 평신도가 만드는 잡지의 역할을 과소평가하지 않았다.
그래서 사제가 빚까지 지면서, 종교잡지의 적자도 애써 무시하면서
그런 무모한 일을 벌였다.

교회언론의 중요성, 평신도들이 만드는 잡지의 중요성을
알지 못했더라면 그런 도박을 하지 않았을 것이고
지금의 가톨릭다이제스트도 없었을 것이다.

때론 비난을 받고 외면당하면서도 남과 다른 생각으로
사랑을 실천해가는 한 사제의 모습을 담아본다.

# 쌍용 꿈을 꿨으니 출세할 것이고

저는 고조부 때부터 대대로 천주교를 믿는 구교집안에서 태어났어요. 증조부는 구리 동구릉 능참봉이셨는데 관리해야 할 능이 아홉 개나 되었대요. 참봉어른이니 밑에는 가솔들 하며 땅 보러 다니는 지관들이 수두룩했답니다. 거기에 따르는 논밭들도 많았겠지요.

그런 분이 병인년 대박해가 시작되니까 아들딸 남매만 데리고 충청도 홍성으로 야반도주해서 산에서 화전민처럼 사셨답니다. 홍성 땅이면 지금의 솔뫼성지와 가깝지요.

떵떵거리는 양반이었다가 지위와 재산을 하루아침에 다 버리고 화전민으로 전락했으니 그 생활이 어떠했겠어요. 아주 하늘과 땅 그 차이였겠죠. 그래서 병이 나셨지는 몰라도 오래 못사시고 돌아가셨답니다. 그래도 자식들이 뭔가 좀 달랐던 모양입니다.

홍성 땅에서 윤 회장이라는 천주교 회장이 저희 왕고모 할머니를 맏며느리로 데려가셨고 평산 신씨라고 하는 부유한 교우 집안에서 3대 독자인 우리 할아버지를 데릴사위로 모셔갔고요.

할아버지 장인 되시는 어른은 아주 사람이 점잖으셨는데 상처하여 후처를 보셨는데 후처로 들어오신 아주 못됐대요. 사위를 무슨 머슴 부리듯 부려먹었다는 겁니다.

부유한 교우집에서 아무것도 없는 우리 할아버지를 데릴사위로 삼았다면 믿음 하나 보고 그랬을 것 아닙니까! 그 장모가 머슴처럼 부려도 할아버지는 신앙으로 견뎠답니다.

그런데 장인어른이 돌아가신 다음에 행패가 더 심해지니까 어느 날은 할아버지가 그 장모님을 번쩍 들어서 내팽개치듯이 하고는 할머니 손을 붙잡고 "내가 여기 아니면 못살거냐?" 하면서 아무것도 안 가지고 몸만 빠져나왔대요.

증조부도 박해 때문에 모든 것을 버리고 밤 보따리를 쌌는데, 할아버지도 똑같이 장모의 박해 때문에 그냥 도망쳐 나온 겁니다. 도망쳐 나와서 먹고 살 길이 막막하니까 할아버지도 옹기장사를 하셨답니다.

그런데 그전에 이런 일이 있었대요. 증조부가 돌아가셨다는 소식을 듣고 지관 둘이 찾아왔더랍니다. "참봉어른께서 우리를 마치 형제처럼 대해주셨는데 해드린 게 없으니 명당자리를 잡아드리겠다" 그러더니 명당자리 2곳을 딱 잡아놓고는 할아버지에게 묻더랍니다. "재물이 많은 곳으로 모실 것이냐, 아니면 자손이 많은 곳으로 모실 것이냐?"

증조할아버지가 능참봉이었는데도 하루아침에 다 버리고 떠나야 했잖아요. 그래서 할아버지가 생각하기를 "재물이라는 것은 있다가도 없는 것이다. 내가 3대 독자라서 외로우니 자손이 많은 곳으로 해달라"고 하셨대요. 그래서 증조할아버지를 자손복이 있을 명당으로 모셨답니다.

아닌 게 아니라 우리 할아버지가 그 뒤로 5남 3녀를 두셨어요. 그 대식구를 옹기장사 해서 다 키우려니 힘드셨지만 증조할아버지한테 물려받은 그 믿음으로, 굶고 살면서도 8남매를 신앙으로 키우셨습니다. 밥을 굶어도 기도는 해야 하고요, 기도 안하면 밥도 안 줄 정도였대요.

박해를 직접 체험하고 믿음을 위해서는 목숨까지 내놓는 그런 분들이었으니까 자식들을 굉장히 엄하게 키우신 거죠. 그러니까 우리 집안이 영성수련은 제대로 한 집안이에요.

요셉 할아버지는 가난했지만 아주 정의파였다고 합니다. 보통 때는 굉장히 온유하고 유순하신데 불의를 보면 아주 불같으셨답니다.

가난하게 살다 보면 비굴해지기 마련인데 그러지 않았기 때문에 일본사람들한테 상당히 핍박을 받았나 봐요. 일본사람들이 태평양전쟁 때 천주교 신자들을 굉장히 감시하고 그랬잖아요. 시골이라 촌로들 중에는 비양심적인 사람도 있어서 일제의 권력을 자기 것인 양 휘두르며 박해를 했겠죠. 그런 기억을 잊지 못하시고 설움 받은 것을 평생 한으로 갖고 사셨어요.

그 불같은 성격을 많이 참아내며 기도를 열심히 하셨다고 해요. 동네 분들이 "아니, 왜 이렇게 기도를 열심히 하십니까?" 물으면 "내가 아들을 다섯이나 두었지만 신부를 못 만들었으니 손자 때라도 신부가 나와야 할 것 아니냐? 그래서 그 지향을 두고 기도를 한다" 그러셨답니다. 이 얘기는 나중에 제가 들은 거예요. 우리들한테는 그런 말씀 안하셨어요.


요셉 할아버지는 주위 가난한 사람들이 돌아가시면 염을 다 해주고 땅도 파서 매장해주니까 사람들이 감복해서 하나둘씩 세례를 받았어요. 그렇게 신자들을 하나둘씩 늘려서 공소를 만들어가셨답니다.

박해 중에 공부를 못했는데도 얼마나 기억력이 좋으신지 옛날 기도서를 처음서부터 끝까지 다 외우셨답니다. 신부님이 때때로 오늘이 무슨 축일인지 모르실 때 할아버지에게 "오늘이 무슨 축일입니까?" 하고 묻는대요. 옛날에는 축일을 '첨례'라고 했는데 그 첨례를 1년 것을 다 외고 계셨답니다.

그런 할아버지가 나이 일흔에 백내장이 왔어요. 화장실 가실 때도 지팡이를 딱딱딱 두드려 짚어야 했으니 얼마나 답답하셨겠어요! 그러니까 아침부터 저녁까지 기도서 전체를 줄줄 다 외우시는 겁니다. 요리문답도 외워서 하시고, 기도할 때도 당신 기억력으로 다 하시는 거예요. 그래서 돌아가실 때까지 그 양반이 치매가 없었습니다.

부모님도 열심한 신자로 어릴 때부터 주일엔 성당 가는 것이 당연한 일이었지요. 집도 성당 근처에 있었고요.

아버지에겐 배우지 못한 한이 있으셨어요. 아버지 형제들 중에 제대로 공부한 사람이 없어요. 많이 배우신 분이 초등학교 4학년 학력이세요. 장손인 우리 아버지가 막노동해서 동생들을 가르치느라고 당신 말씀으로는 초등학교를 겨우 4개월 다녔다는 거예요. 그래서 살아계실 때 항상 저한테 "내가 정말 초등학교 4학년만 나왔더라도 이렇게 답답해하지는 않을 텐데…" 그러셨어요. 그게 한이 되셔서 나한테 "너만은 어떻게든 가르친다" 하셨거든요.

그런데 내가 초등학교 3학년 때 아버지가 그만 사고로 돌아가시고 말았어요. 결국은 아버지가 나를 못 가르치고 하느님이 가르치셨다고요. 아마 하늘나라에서도 아버지가 계속 전구를 해주셨겠지요.

어머니는 충남 부여에서 시집오셨는데, 외할아버지가 만날 한학공부에만 빠져 집안일을 모르니까 밑의 동생들이 수확도 하기 전에 논에 있는 벼를 팔아먹고 그랬답니다.

결국은 동생들이 집안재물을 다 탕진해버리니까 당신은 훈장이나 하시겠다고 가족들 놔두고 혼자서 멀리 떠나셨대요. 그런데 떠나신 뒤에 병이 나서 일찍 돌아가시고 말았답니다.

어머니 형제가 모두 다섯인데 외할머니 혼자 다섯 자식을 먹여살려야 했으니 굉장히 어려웠을 것 아닙니까! 입 하나라도 줄이겠다고 장녀인 어머니를 강경에 사는 개신교 집안 수양딸로 보냈답니다. 그때가 어머니 나이 만 6세쯤 됐는가 봐요.

그래서 어머니는 천주교와 개신교를 두루 경험하는 분위기

속에서 자라셨지요. 그런데 어머니가 혼인할 때가 되니까 외할머니가 "딸은 꼭 천주교 집안으로 시집보내겠다"면서 아주 완강했답니다. 그러니까 수양아버지 어머니가 아주 병이 났답니다. 자기들은 개신교 집안인데 다 키워놓으니까 그런다고.

친어머니가 그렇게 요지부동이니 수양부모로서는 어쩔 수 없지요. 그래서 결국은 구교 집안으로, 그것도 8남매의 맏며느리로 시집오신 겁니다.

집안은 뭐 옹기 팔아서 겨우 먹고 사는데, 식구는 10명 아닙니까! 넉넉지 못한 집이라 밥을 해도 당신 먹을 밥이 없었대요. 그러니 말 못할 고생도 참 많이 하셨지요!

할아버지의 옹기장사로는 한계가 있다는 것을 알고 아버지는 일찌감치 생활전선으로 뛰어드셨대요. 부안, 군산의 부두에서 막노동을 하다가 나중에는 군산과 강경을 왕래하는 '강경환'에서, 그 뒤에는 금강을 따라 올라가는 여객선 일을 하셨답니다.

군산에다 일본 적산가옥 하나를 마련하셔서 어머니를 부르셨지요. 어머니는 둘째 시동생을 결혼시켜 집안일 할 사람을 구해놓고서야 군산으로 나오신 거라고요.


군산 둔율동성당 가까이에 사셔서 어머니는 자주 미사를 가셨어요. 가까이에 살고, 어머니가 풍양 조씨인데 본당신부도 풍양 조씨여서 한집안이고 하니까 그 신부님이 그냥 편하게 어머니한테 "아! 글라라, 밥 좀 해줘야겠어" 그러실 때도 있었다고 합니다.

그 조 신부님이 외아들이었는데 어머니 한 분이 먼 곳에 살고 계셨대요. 옛날에는 사목에 누가 될까봐 신부가족은 사제관 가까이 안살았어요. 사제를 보호하기 위해 어렵더라도 딴 데 살았다고요. 그러니 그 어머니나 사제나 외로움이 컸겠지요.

아들 사제가 보고 싶으면 1년에 한두 번씩 사제관을 왔다 가곤 했답니다. 같은 조씨 집안이라고 신부 어머님도 저희 어머니를 그렇게 좋아했대요. 서로 속 얘기도 좀 할 거 아니예요.

하루는 어머니가 꿈을 꾸셨는데, 꿈속에서도 잠을 주무셨대요. 갑자기 밖에서 사람들이 떠들썩하게 환호를 해서 꿈속에서 잠을 깼답니다.

'왜 그런가?' 하고 창을 열었더니 밖에 아주 많은 사람들이 하늘을 바라보면서 "저기 쌍용이 올라간다. 야, 쌍용 좀 봐라"고 막 소리치더래요. 어머니가 고개를 들어보니까 두 마리가 딱 올라가더라는 거야.

조 신부 어머님께 그 얘기를 했대요. 그랬더니 "글라라, 내가 볼 때는 태몽이야, 쌍용 꿈을 꿨으니 크게 출세할 것이고, 사제

가 될 수도 있다"고 하시더라는 거야. 조 신부 어머님도 조 신
부를 낳기 전에 비슷한 꿈을 꿨다는 거야.

# 신부님한테 매 맞고

제가 군산 둔율동성당 유치원 1회 출신입니다. 다섯 살 때 성당 유치원에 들어갔다고요. 구교집안이었기 때문에 어릴 때부터 아침, 저녁기도하고 다했으니까 만 여섯 살 때 벌써 첫영성체를 했어요.

초등학교 1학년 여름방학 때 본당신부가 아이들을 모아서 교리를 가르쳐준다고 점심 먹고 2시에 모이라고 했어요. 그런데 당시만 해도 가난하니까 우리가 시계가 없잖아요. 애들하고 점심 먹고 성당 가까운 데서 노는데 시간을 알 수 없는 거예요.

한참 놀다가 '아, 이제는 시간이 됐겠다' 하고 성당으로 갔더니 본당신부가 딱 성당 앞에 지키고 있는 거예요. 아이들이 제 시간에 한 명도 안 오니까 신부님이 화가 나셨어요.

내가 제일 먼저 뛰어갔는데 신부님이 늦게 왔다고 다짜고짜 나를 자로 막 때리는 거예요. 내가 맨 앞에 섰기 때문에 본보기로 얻어맞은 건데 한 10대는 족히 맞았다고요. 어린 나이에 얼마나 충격이 컸겠어요. 속으로 욕을 잔뜩 하면서 집으로 홱 와버렸어요. 그때부터 나는 신부라면 싫은 거예요.

주말만 되면 어머니가 항상 빨래를 하셨어요. 성당 갈 옷을 깨끗하게 준비하려고 숯불로 다림질을 했어요. 장남인 나는 어머니 다림질을 도우며 딸 노릇을 하는 거죠. 토요일만 되면 다림질하는 것이 습관일 정도로 다음날 옷을 깨끗이 입고 성당에 갔었거든요.

그런데 나는 성당 가도 신부님이 보기 싫어 맨 뒤에 앉았다가 도망치듯 와버렸어요. 그런 나한테 무슨 사제의 꿈이 있었겠어요?

방학이 되면 어머니가 "할아버지한테 가라" 그러시는데, 할아버지는 굉장히 엄해 나는 사흘이 못돼서 돌아와요.

할아버지가 새벽만 되면 아침기도 해야 한다며 "일어나거라!" 하시거든요. 옛날에는 그것을 '조과'라고 했는데, 나는 도

대체 혀가 안 돌아가는데 할아버지와 사촌동생들은 아침기도를
달달달달 외는 거예요.

나는 그 신부한테 매 맞은 뒤로는 성당 가기가 죽기보다 싫은
데 그걸 하고 싶겠어요? 그런데 아침에 할아버지가 기다란 담
뱃대 갖고 톡톡톡 두들기면서 꼭 일어나게 하시거든요.

낮에 논에 가서 메뚜기, 개구리, 미꾸라지 잡고 한참 놀고 있
으면 또 불러들이는 거예요. 삼종기도 하라고. 낮에 실컷 놀다
가 저녁밥 먹고 나면 쓰러져 자잖아요? 자면 또 얼마 있다가 다
일어나서 저녁기도 해라 그러잖아요. 저는 그게 귀찮아서 사흘
도 못돼 집에 돌아와버려요.


그리고 강경 수양할머니 댁으로 갑니다. 그 집은 자손이 없는
집안이라 내가 가면 완전 왕자노릇을 하게 되니까 방학만 되면
나는 거기 가서 사는 겁니다.

복숭아밭에 가서 복숭아 온종일 따먹어도 뭐라고 않고, 누룽
지 같은 좋은 건 다 나한테 주는 겁니다. 그리고 그 할머니는 나
에게 성경을 읽도록 하기 위해 나한테 성경 읽으라고 하지 않고
"내가 눈이 어두워서 이 성경을 못 보니, 정남아 네가 한번 내
대신 읽어주랴?" 그렇게 말하셨어요.

제가 매일 읽어드리는 거예요. 나는 나를 아끼시는 할머니가

해달라니까 아주 기쁘게 읽었다고요. 이렇게 성경은 개신교 그 수양 할머니 댁에서 어릴 때부터 배웠어요.

거기는 새벽 4시만 되면 새벽예배를 갔어요. 할아버지 댁에 가면 새벽 5시에도 일어나기 싫은 판인데, 거긴 새벽 4시에 일어나도 내가 자발적으로 예배당에 따라다녔다고요. 할아버지, 할머니가 같이 놀아주고 그러니까 뭐 하자고 하시면 기쁜 마음으로 따르는 거예요.

아버지가 여객선 일을 하셨는데 6·25가 끝나갈 무렵 큰 태풍이 불었대요. 익산 황등에 돌이 많이 나는데 잘라낸 석재를 배로 운반했어요. 돌을 실은 화물선이 바람에 흔들리다 여객선과 충돌하게 된 거예요.

배가 저쪽에서 막 들이받으려고 하니까 아버지가 안 부딪치도록 그 배를 몸으로 막으려고 하셨는가 봐요. 그런데 바람 때문에 배가 흔들려서 아버지가 큰 돌에 심장 쪽을 들이 받치셨다고요. 결국 7월 백중날 돌아가셨지요.

6·25 때니까 어려울 때라서 아버지도 월급을 몇 달 동안 못 받아 우리집도 밀가루로 연명했어요. 그런데 그날 저녁 어머니가 밀가루 반죽을 하시면서 "참, 내가 이상하다. 아주 뭔지 모를 불길한 예감이 온다"고 그러셔요.

그날 이상하게도 비가 많이 왔어요. 아닌 게 아니라 아버지가 위급하다고 밤중에 집으로 소식이 왔어요. 이미 돌아가셨는데 어머니가 충격이 크실까봐 그렇게 말씀하셨나 봐요. 어머니는 그때 불길한 예감을 짐작하신 거 같아요. 제가 초등학교 3학년 때 일입니다.

아버지 장례 때 여객선 회사에서 밀린 봉급도 주고 장례 쌀도 한 가마니 보내왔어요. 그런데 나는 철이 없어 회사에서 쌀가마니 실어 보낸 그 달구지를 타고 마을길 따라 놀러간 거예요. 집에선 맏상주인 나를 찾느라 또 난리가 났지요.

# 어머니의 흘러간 노래

아버지 돌아가시고 난 그 뒤부터 우리 집이 완전히 기울었어요. 어머니가 내 월사금 마련하려고 품팔이를 나가셨어요. 이웃집 빨래도 대신 해주고 남의 논밭을 매러 가기도 하셨어요. 그때는 하루 온종일 김을 매고 밭을 매도 노임으로 겉보리 한 되밖에 안 줬어요.

그것으로 우리 4남매를 키워야했으니까 고생을 무진장 하셨지요. 학교 갈 때 많이 굶고 갔고 점심은 한번도 싸간 적이 없어요. 그래도 공부는 곧잘 해서 선생님들이 저를 예뻐했지요.

그때는 집안은 가난하지만 머리 좋은 분들이 대개 초등학교

선생을 했다고요. 그래서 가난한 학생들을 깔보지 않고 잘 보호해줬어요.

그때 나는 월사금을 못 냈기 때문에 만날 쫓겨 다니는 겁니다. 교장선생이 재촉하면 담임선생이 마지못해 집으로 쫓아 보내지요. 실제로는 가봤자 돈 못 가져올 줄 뻔히 압니다. 다행히 저는 초등학교 4학년 때부터 좋은 선생을 만났어요. 젊은 선생님들이 자취방에 저를 데리고 가서 재우기도 하고, 같이 밥도 먹고 이렇게 사랑을 줬지요.

그러면 나는 시간 좀 늦었다고 나를 때렸던 그 신부하고 나를 사랑해주는 선생하고를 비교하는 거예요. 제가 어려울 때 따뜻하게 도움을 준 사람들은 신부가 아니라 선생이었어요. 그분들은 신자가 아니었는데도 불구하고 사랑이 많았어요.

몇 년간 돈 한 푼 못 내고 다녔는데도 저를 퇴학시키지 않았고요. 당시 선생들이 월사금 못 냈다고 저를 퇴학시켰으면 아마 오늘의 저는 없을지도 모르죠.

4학년 때 담임인 이우기 선생님은 지금도 스승의 날 같은 때 모시고 반창회를 합니다. 세례를 받으셨고요, 지금 일흔 몇 살 되셨거든요. 우리가 열 살쯤 됐을 때 그 양반은 한 열여덟 살 돼가지고, 사범학교 갓 졸업하고 오신 젊은 선생이었지요.

그러니 얼마나 정열을 가지고 우리를 가르치셨겠어요! 겨우 한 학기만 가르치고 떠나셨지만 그 양반이 우리한테 워낙 잘했었기 때문에 고마움을 잊지 못합니다.

저는 항상 내가 남에게 준 것은 잊어버리고 받은 것은 기억하려고 합니다. 선생님들한테 받은 고마움, 내가 어려웠을 때 나에게 잘해준 사람들은 그래서 내가 항상 기억합니다.

초등학교 6학년 때 담임이셨던 한연석 선생님도 잊지 못합니다. 지금은 돌아가셨어요. 이분은 부부교사인데 몸이 약해서 그랬는지 몰라도 꼭 장모님이 점심을 싸서 날랐어요. 알루미늄 도시락에 꽃병 같은 자기로 된 물병에다 따뜻한 물을 넣어서 장모님이 꼭 보자기로 싸서 학교로 갖고 오신다고요.

내가 도시락을 못 싸오고 하니까 이 선생님이 도시락을 절반만 먹고, 절반을 저한테 주시는 거예요. 6학년 내내 거의 1년 동안 그러셨어요.

그 선생님 때문에 제가 "아, 나도 훌륭한 선생이 돼 가지고 가난한 사람들에게 이렇게 해야겠다" 그런 생각을 했어요. 그래서 어릴 때 제 꿈은 선생님이 되는 것이었어요.

그런데 집안 형편 때문에 쉽게 그 꿈을 말하지도 못했어요. 전기세를 못 내니까 집에 전등도 못 켜고 기껏해야 촛불 켜고 호롱불 켜서 공부하지요! 먹을 것 하나 없는데 땔감이 있겠어요? 겨울에도 냉방에서 잤어요.

밥 구경하기가 어려우니 저녁에 그냥 감자나 고구마 하나 먹고 때우기도 하고요. 그 어려울 때 선생님들이 저를 따뜻하게 밥을 먹이신 거예요.

당시에는 성당이나 교회도 밀가루, 옥수수가루 그런 구호물자 팔아서 운영했으니까 본당신부도 어렵긴 마찬가지고 성당 사무장도 월급도 제대로 못 받고, 거의 봉사하며 살 때였잖아요. 그런 걸 모르는 어린 제가 피부로 느끼는 것은, 교회가 가난한 사람에 대해서 배려하는 것들이 잘 안보였다는 거죠.


저희 집에 방은 여러 개 있었지만 난방할 돈이 없으니까 비워놓고 온 식구가 한방에서 다 잤어요. 아침에 일어나보면 윗목에 두었던 자리끼가 얼어있지요.

큰방에 이부자리 깔고 어머니와 누나가 저쪽에서 자고, 우리 세 형제가 나란히 한데 모여 잤지요. 그때 어머니가 외로워서 그랬는지 흘러간 노래를 많이 불렀습니다. '목포의 눈물'이니, '비 내리는 고모령'이니, '홍도야 우지마라'를 잘 부르셨어요.

그래서 저는 어머니가 부르던 그런 노래들을 가장 감수성이 예민할 때 일찌감치 배웠어요. '황성옛터'니 '목포의 눈물' 같은 노래는 2, 3절까지 다 기억해요. 저는 성음악도 좋아하지만 지금도 어디 노래방이라도 가면 그런 흘러간 노래를 부릅니다. 어머니한테 배웠던 그 노래를 부르면 어머니가 생각납니다.

어머니는 예의를 아시는 분이셨어요. 남한테 아주 잘하셨어요. 우리가 좀 살 때는 우리 집에 사람이 바글바글했어요. 아버지가 배를 타시니까 시골에서 배를 타고 온 양반들이 저희 집에 오시는 거예요. 시골에서 자기가 가지고 왔던 물건을 군산에 와서 팔고 배로 떠나는 분들이죠.

그분들을 어머니가 다 대접을 하는 거예요. 점심상도 아주 정성을 다해 차려서 대접을 하시더라고요. 가난한 사람이 오면 항상 후하게 대접하는 모습을 어머니한테서 보고 배웠어요.

# 법대가서 검사가 되자

사범학교 가겠다고 했더니 어머니는 어느 학교 가는 것이 문제가 아니라 학비걱정 때문에 땅이 꺼지는 거예요. 초등학교 월사금도 한 푼을 못 주는 판인데 중학교는 어떻게 가느냐는 거지요. 도대체 당신 능력으로는 안되는 거니까요.

시험을 앞두고 어머니가 그러셨어요. "봐라, 나는 지금 네가 초등학교 가는 것도 못해주는데 중학교 들어가려면 입학금도 있어야 하는데 난 능력이 없다.

그렇다고 너보고 중학교를 포기하라고 말할 수도 없고 가라고도 할 수도 없다. 다만 나중에 평생 한이 남으면 안되니까 그래도 시험은 한번 보거라" 그렇게 말씀하시고는 그 태몽 얘기를 해주셨어요. "만일 그것이 하느님으로부터 온 것이고 그 꿈이 사실이라면 어떻게든지 네가 공부를 하게 될 거다" 그때 어머니 꿈 얘기를 처음 듣게 됐지요.

시험만 한번 봐보자! 그래서 군산에 있는 사범학교 병설중학교에 지원했어요. 경쟁률이 2:1이 넘는데, 1등에서 10등까지 입학금을 면제해주었어요. 시험 친 다음날 우리 동네 사는 사범학교 형들이 집에 왔어요.

"정남이가 이번 시험에 1등을 했다" 그러는 거야. 동네 사람들이 다들 "쟤 보통 아닌데?" 그랬죠. 내가 공부를 조금 잘하는 줄은 알았지만 1등까지 할 줄은 몰랐지요.

그런데 우리 어머니는 걱정이 태산인 거야. 입학금이 1만 2천 원이고 학부형 부담금이 600원 더 있었어요. 1만 2천 원은 면제가 되는데 600원이 있어야죠. 그때 쌀 한 되가 200원이었다고요. 아무리 구해봐도 그 돈이 없는 거예요.

그런데 아버지가 생전에 사놓고 입지 않았던 옷 한 벌이 있었던 모양입니다. 어머니가 미망인으로서 남편 생각하며 장롱에 깊숙이 보관하고 있던 옷이었어요. 그 옷 한 벌을 시장에 내다 팔았더니 꼭 600원을 받았다고.

입학식에 가보니까 다른 아이들은 새 옷에다가 새 신발 새 모자인데, 나는 그냥 초등학교 다닐 때 옷 그대로, 다 떨어진 옷에 책 하나도 못 사고 다녔어요.

그래도 선생들은 제가 1등 했다고 격려해주고 아이들은 아이들대로 지금처럼 물질만능주의가 아닌 세상이니까 다 나를 자기 친구 삼으려고 그러는 거예요. 가난뱅이인 나를 막 자기 집에 데려가기도 하고 그랬어요.

한번은 친구 하나가 자기 집에 가자고 그래요. 부모가 시장에서 쌀장사를 하고 형제도 많은데, 그 친구하고 마치 형제처럼 지냈어요. 그 친구 부모도 나를 그냥 아들처럼 대해주어서 학교 끝나고 가서 죽치고 있다가 밥도 얻어먹고 그랬다고요.


그때 나는 시험 때마다 걱정이었어요. 매달 내는 월사금을 안 내니까 학생증을 주지 않는 거예요. 옛날에는 학생증이 있어야만 도서관에 가서 책을 빌려다 볼 수 있었거든요. 그래서 만날 공부는 그 친구 집에 가서 친구 책 보고 했어요.

학교에서는 시험 때만 되면 월사금 안 낸 아이들을 돈 가져오라고 집에 보내지만 그래도 나는 담임을 잘 만나서 그렇게 하지 않으셨어요.

1학년 성탄 때까지도 나는 돈 한 푼도 안 내고 지나가는 거예요. 요즘 같으면 어림없는 일이죠.

월사금 안 내면 평소에는 아무 말 않다가 꼭 이상하게 시험 때만 불러내요. 저는 시험 때만 되면 '아, 오늘도 또 불려가겠구나' 하고 미리 아는 것만 딱 써놓고 가만있어요. 그러면 꼭 교무과에서 돈 안 낸 애들을 다 불러낸다고. 돈 때문에 쫓아내면 인정상 모양새가 좋지 않으니까 "이 아이는 점수가 나쁘니까 퇴학시킨다" 하는 뭐 그런 구실을 만들려는 거죠.

그런데 나는 아는 것을 미리 써놓으니 점수는 나오니까 그걸로는 퇴학 빌미가 안되죠.

그렇게 월사금 한 푼 안 내고 2학년까지는 계속 다녔는데 3학년 때 담임이 바뀌고 나서는 결국 퇴학당했어요. 돈 때문에 학교를 그만두어야 하니 상처가 됐지요. 그래도 공부를 계속하겠다는 생각은 갖고 있었어요.


어머니도 속이 많이 상하셨나 봐요. 아들 하나 믿고 있는데 경제적으로는 나아지지도 않고, 월사금 못 내서 학교도 못 가는 아들을 바라볼 때 마음이 어땠겠어요! 그래서 "고향을 떠나자" 이렇게 된 거죠. 온 가족이 서울로 올라오게 됐어요.

외삼촌 한 분이 서울에 계셨어요. 어머니 피붙이라고는 다 돌아가시고 남동생밖에 없었어요. 어머니는 "외삼촌이 있으니 서울 가서 뭐 굶어죽기야 하겠냐?" 하고 우리들을 데리고 떠나오신 거죠.

그런데 막상 서울에 와보니 외삼촌도 한강 백사장에서 막노동으로 어렵게 살고 있더라고요. 외삼촌 집 옆에다가 판자로 이어붙여서 온 식구가 거기서 살았어요. 지금은 한강이 개발돼서 멋지지만 옛날에는 이촌동 절반 정도가 금모래로 쌓여 있었어요. 6·25 후 그 모래밭에 아주 가난한 사람들이 달동네를 이뤄 살았지요.

서울로 올라왔지만 겨우 중학교를 중퇴한 어린 내가 무슨 일을 할 수 있겠어요? 돈이 없으니 학교를 갈 수도 없고 그렇다고 직장을 얻을 수 있는 나이도 아니고.

그래서 땔감을 주우러 다녔어요. 한강변에 가면 홍수 때 떠내려온 나무쪼가리들이 있어요. 사촌들하고 동생들 데리고 그걸 줍고 다녔어요. 용산에서부터 삼각지, 청파동, 갈월동, 중림동, 남대문까지 왔다갔다했지요.

당시는 일제시대에 지었던 집들이 헐어서 썩은 나무들을 걷어내고 시멘트블록으로 교체할 때였어요. 목수나 미장이들이 철거작업을 하고 있으면 그 옆에서 보고 있다가 도와주고 대신 땔감 할 만한 것을 달라고 해서 가져오는 겁니다.

내가 눈치 빠르게 잘 도와주니까 목수 한 분이 "야! 나무 주우러 다니지 말고, 내 밑에서 일하면 너를 목수로 만들어주겠다"고 하더라고요. 그래도 저는 선생님이 되어야겠다는 꿈이 있었으니까 목수 일은 눈에 차지 않았죠.

하루는 한강변에 갔더니 어떤 사람이 움막을 치고 미8군 쓰레기장에서 깡통을 사다가는 망치로 두들겨서 '남포' 등잔을 만들더라고요. 신기해서 유심히 보고 있었더니 "야, 내 밑에서 일하면 너 공부시켜 주겠다"면서 나를 꾀었어요.

공부시켜준다는 말에 눈이 번쩍 뜨였지요. 그 사람 밑에 가서 몇 개월 일을 했어요. 깡통을 사다가 작두로 잘라서 뚜껑을 없애고 양철을 망치로 두들겨서 납땜질을 해요. 자르고 붙이려면 어느 정도 수학적 머리도 필요한데 내가 그걸 잘하는 거예요.

등잔을 만들면 내가 등에다 메고 동대문 시장까지 걸어서 팔러 다녔어요. 우리 속담에 '장사꾼은 1원 보고 10리를 간다'는데 저는 장사체질이 아닌지 1원 손해 보더라도 10리는 안 걸어가는 거예요. 그래서 그해 겨울에 그만두고 말았지요.


그때는 너도나도 다 어려웠을 때라 누구나 먹고사는 게 참 힘들었어요. 한강 다리 밑에 사람들이 움막을 짓고 살았는데 지금 새남터성당 바로 아래가 미8군 쓰레기장이었어요. 미8군 사람들이 먹고 남은 음식을 드럼통으로 갖다놓고는 한 통에 50원씩 받고 파는 사람이 있었는데 많은 사람들이 그걸 사다 먹고 살았어요.

꿀꿀이죽도 금요일이 제일 맛없는 때지요. 왜냐하면 서양 사람들은 금요일에 고기를 안 먹으니까. 그런데 주일 저녁은 재수 있으면 어떤 것에는 고기도 있고 치즈도 들어있으니까 좀 잘 얻어먹지요.

그게 원래는 쉬어서 못 먹고 버릴 거여서 끓여야 하거든요. 끓이면서 가성소다를 넣고 저으면, 하얀 거품이 나오며 신맛을 중화시켜 주니까 먹을 만해요. 그래도 맛이 없으면 사카린을 넣어 가지고 좀 단맛을 내서 먹었지요.

그런 경험들을 통해서 가난이 무엇인지 뼛속 깊이 체험을 했다고요. 가난한 사람들이 사회에서 얼마나 멸시받는지 피부로 느끼게 됐지요. 그 가난 속에서 꿀꿀이죽을 먹고 살았기 때문에 나중에 오스트리아 유학가서 서양음식도 잘 먹을 수 있었다고 봐요. 몇몇 신부들은 구라파 가서 음식 때문에 유학을 포기하기도 했거든요. 나는 그런 걱정이 없었어요. 하느님께서 미리 내게 그런 예비훈련을 시킨 겁니다.


공부하고픈 생각은 가득한데 땔감이나 주우러 다니니 즐거울

리가 없지요. 하루는 누이가 그러더라고요. "야, 너 검정고시라
도 봐야 할 것 아니냐?" 누이가 공장 다니면서 돈을 좀 모았나
봐요. 그런데 시험 보려면 뭘 좀 공부해야 할 것 아닙니까? 그
래서 공민학교를 가서 검정고시를 봤어요.

그런데 아주 점수를 잘 받았던가 봐요. 교무주임이 "네가 경
기고등학교를 가면 내가 입학금을 대주겠다"그러셔요.

성당에서는 나한테 그런 제안을 한 사람이 한 분도 없었는데
신자도 아닌 그 선생님은 내 어려운 처지를 보고 그렇게 제안한
겁니다. 세상에는 그런 착한 사마리아 사람들이 있더라고요.

"참 고마운 말씀이지만 저는 경기고 안 가겠습니다. 교통고
등학교 다닐 겁니다"그때 교통학교는 국립이라 전액 국비이고
장학금을 주었거든요.

중학교 때 학비 때문에 상처를 입었던 터라 '1등을 하더라도
돈 없으면 사범학교에서처럼 또 중간에 쫓겨날 테니까 그런 걱
정 없이 갈 곳이 어디냐' 나는 오직 그 생각뿐인 겁니다. 교통고
등학교는 지금 철도전문대학이지요.


어릴 때는 정말 선생이 되고 싶었지만 한 1년 땔감 구하러 다
니면서 싸구려 무성영화를 몇 번 봤거든요. 영화 속에서 선생
님들이 불행에 떨어지면 구해주는 사람들이 바로 검사나 판사

를 하는 제자들이더라고요. 그걸 보고는 '아! 나도 법대 가서 검사가 되자' 이렇게 생각한 거예요. 그때 교통고등학교는 과별로 30명씩 총 150명을 뽑았는데 철도 운전할 생각은 없었고요, 법 공부할 수 있는 곳이 어딘지 보니까 바로 업무과더라고요.

30명 뽑는데, 업무과에만 700명이 넘게 지원했어요. 23:1이 넘더라고요. 그런데 내가 합격했어요.

참 신기한 것이, 검정고시 본 날 버스 타고 가면서 영어책을 봤어요. 지금도 나는 버스에서 책을 많이 보는데, 버스에서 본 영어문장이 시험에 나왔더라고요. 그 문장이 지금도 잊혀지지 않아요.

'해는 동쪽에서 떠서 서쪽으로 진다The sun rises in the east and sets in the west'

그걸 영작하라고 했는데 그날 봤으니 쉽게 금방 썼죠. 저는 이걸 섭리라고 보는 거예요. 절대 내가 공부를 잘해서 들어간 것이 아니란 말이죠! 합격하니 얼마나 좋아요!

거기는 등록금 전액이 국비니까 아무 걱정이 없고 거기다 국립이라고 얼마간 용돈까지 주더라고요.

# 굶으면서도 성가를 부르다

　돈 안 들고 학교 다니게 됐으니 어머니와 누님이 참 기뻐하셨어요. 그래서 저는 더 열심히 공부를 했어요. 입학하고 나서 한 달 후에 전체 모의시험이 있었어요. 그런데 선배들이 교실로 줄지어 나를 찾아왔어요.

　"야! 김정남이 누구야? 네가 이번에 전체에서 톱 했다" 그래요. 그때부터 제가 3년 동안 교통고등학교 전체수석을 했어요.

　땔감 줍고 등잔 만드느라 제가 남들보다 진학이 1년 늦었잖아요. 그 1년을 만회하기 위해서 공부를 정말 열심히 했어요. 어떻게든 법학과에 진학해야겠다고 생각한 거예요.

1학년 때부터 공부를 바짝 서둘러 고3 때 배울 것까지 미리 공부했어요. 모르는 건 교무실 쫓아다니며 선생님께 물었어요. 고등학교 1학년 때 '대학영어'를 사다가 내가 사전 찾아가면서 공부를 했으니까요.

그러면서 사제한테 얻어맞으면서 생겼던 마음의 상처가 서서히 아물기 시작했습니다. 돈이 없어서 학교를 퇴학당한 상처가 남들이 인정하는 국비장학생 대우를 받게 되면서 회복되는 거예요. 자부심이 생기니까 성당에 나가서도 떳떳하죠. 당시만 해도 교통고등학교 다닌다면 다 알아줬거든요.


어릴 적 그 상처로부터 10년이 지난 후, 가난의 설움을 극복하고 성당에 떳떳이 가는 거예요. 그때부터 성가대가 그렇게 좋더라고요. 제가 어머니 영향을 받아 노래를 잘 했어요.

담임선생이 음악시간만 되면 나를 독창을 시켰다고요. 학교에서 노래대회를 하면 내가 꼭 학급대표로 나갔어요.

사범학교 병설중학교 다닐 때도 음악공부가 참 재미있었고요. 옛날에 초등학교 선생들은 국어, 산수, 음악까지 모든 것을 다 가르쳐야 하니까 오르간도 배웠고, 합창 연습곡도 그때 벌써 배웠었지요. 성당에 가자마자 바로 성가대에 들어갔어요.

제가 교통학교에 입학하고 나서 사라호 태풍이 왔어요. 한강에 홍수가 나서 집들이 다 떠내려가니까 서울시에서 군부대 천막으로 응암동 쪽에다 수재민들 막사를 지어줘 우리도 거기 살았지요. 당시에는 응암동에 성당이 없으니까 수색성당까지 약 4km되는데, 버스비가 있으면 타고 가고 없으면 걸어다녔어요.

내가 그 성가대에 들어가면서부터 부쩍 믿음이 깊어졌어요. 날마다 새벽미사를 드리고 학교를 가는 겁니다. 수색에서 학교가 있는 용산까지 열차는 공짜로 타고 다녀요. 운전사들이 다 우리학교 선배들이니까 그냥 "안녕하세요" 하면 되지요. 돈 달라고도 안해요.

그때 새벽미사 드리러 수색성당 다닐 때 하느님께서 10년 동안의 내 상처를 치유시켜 주셨습니다.

임마지아 주임신부는 청렴결백하셔서 평생 동안 수색성당 한 곳에만 계셨지요. 동창인 노기남 대주교가 더 좋은 성당 가라고 해도 안 갔어요. 말 한마디 없는데도 온화하고 인자하고 훌륭했어요.

성가대가 좋으니까 학교 끝나면 나는 성가대 연습실로 가요. 강당에 오르간이 하나 있었어요. 오르간 반주를 하면서 성가를 불렀지요. 거기서 학교 숙제도 하고 밤늦게까지 지내는 거예요. 저녁은 굶다시피해도 배가 고프지 않았어요.

성가대 활동하면서 느낀 것이 뭐냐면, 영어라든지 이런 건 다른 아이들보다 잘하는데 하느님에 대해서는 내가 통 뭘 모르는 거예요. 나보다 떨어지는 학교 다니는 애들도 무슨 성인 얘기가 나오면 전부 다 아는데 나는 모르니까 속으로 굉장히 부끄러웠어요. 청계천에 가서 천주교에 대한 책을 샀어요.

〈상해천주교요리〉라든지 성경책 해설서를 사서 마구잡이로 읽기 시작했어요. 읽으면 읽을수록 더 믿음이 깊어져서 제가 고등학교뿐만 아니라 그 후 신학교 갈 때까지 매일 미사 갈 수 있는 원동력이 그때 생겼어요.

고등학교 1학년, 견진받을 때 성령체험을 했어요. 견진 때 노기남 대주교가 왔는데, 옛날에는 견진을 주면서 뺨을 살짝 때렸어요. 그 순간 내 머리에서부터 발끝까지 아주 전율이 쫙 일더라고요. 그래도 그때까지 사제될 생각은 전혀 안했어요.

내가 장손이기 때문에 집안 어느 누구도 나한테 사제가 되라고 권하지도 않았고, 어머니도 내가 중학교 시험볼 때만 그 태몽 이야기를 했지, 그 후에는 한마디도 안했다고요. 어머니는 일찍 청상과부가 되어서 오직 나한테만 의지하던 분이라 나보고 사제되라고는 안했을 겁니다.

고등학교 때도 학비 걱정만 안했지 굶는 것은 여전했어요. 입학해서도 한동안 도시락을 싸가지고 다니질 못했어요. 그러다고1 때 가정교사를 하게 됐어요.

수색성당에서 밤마다 성가를 연습하는데 거기 있는 학생 중 하나가 나를 보니 좀 딱했던가 봐요. 내가 만날 굶고 성당에 와서 성가를 부르니까….

하루는 자기 집에 가서 밥 먹자고 하더라고요. "정남이가 매일같이 학교 갔다 와서 저녁도 안 먹고 늦게까지 성당에 있다가 성가를 부르는데 아마도 굶는 것 같다" 그렇게 자기 어머니한테 얘기했던가 봐요. 갔더니 자기 작은아버지가 교통부 철도 운전기사여서 수색관사에 사는데 그 댁에 가서 그분 아들 가정교사를 해달라고 하더라고요.

옛날 가정교사는 지금처럼 돈 받는 가정교사가 아니라, 그렇게 먹이고 재워주는 게 전부였어요.


그때 철도관사의 방 하나는 온돌방이었고 하나는 다다미방이었어요. 다다미방을 내가 쓰기로 하고 아이를 가르쳤지요.

새벽 5시에 일어나서 내 공부 1시간 정도 하고, 그 다음에 아이를 깨워서 1시간 공부시킨 다음 밥을 빨리 먹고 열차 타고 학교 가면 되는 거예요. 학교 끝나면 성당 갔다 와서 밤 10시까지는 걔 가르쳐주고, 나머지 2시간은 내 공부를 했어요. 그리고 그때부터 도시락을 그 집에서 싸주었으니까 점심을 안 굶게 됐어요.

초등학교 3학년 때 아버지 돌아가시고 난 다음부터 고등학교 들어갈 때까지 한 10년은 점심을 굶었잖아요. 나는 배고픔을 통해서 영성수련을 다 한거죠. 하느님께서 내게 어릴 때 그 긴 가난을 통해서 이렇게 뼈저리게 느끼게 해주셨지요.


나는 굶고 살았어도 남한테 절대로 가난하게 보이지를 않았어요. 남들은 내가 가난뱅이인 줄도 몰라요. 학교에서 떳떳하게 1등하고 그러니까 오히려 부잣집 아이로 생각했지요.

나중에 신학교 다닐 때도 어느 누구도, 내 동창들도 내가 가난하다고 생각하는 사람이 없었어요. 오늘 얘기한 것이 책에 실려서 알려지면 모를까….

공부를 잘하니까 고등학교 3학년 때는 교장선생이 자기 아들 가정교사로 나를 데려갔어요. 용산성당 앞에 있는 철도관사가 교장선생 댁이었는데, 거기도 일본식 관사니까 다다미방에서 잠을 자면서 교장선생 아들을 가르쳤지요.

그 관사에 밥해주는 식모 한 분이 있었어요. 방이 여러 개 있었는데 꼭 애들하고 안 자고 마룻바닥에서 혼자 자더라고요. 한 달 후에 그 식모가 떠나고 다른 분이 왔어요. 대구에 있는 교장

선생 본댁의 식모가 왔는데 저와 가까워졌어요.

그런데 이 양반은 방에서 애들하고 같이 자더라고요. 그래서 하루는 내가 물었어요. "지난번 식모는 꼭 복도에서 잤는데, 당신은 어떻게 방에서 자요?" 그랬더니 "교장선생 딸이 그 식모가 더럽다고, 냄새난다고 같은 방에서 못 자게 했다"는 거야. 그런데 자기는 어릴 때부터 그 아이들을 자기 딸처럼 키웠기 때문에 같이 잔다고 그러더라고요.

돈 많은 사람들의 못 가진 자에 대한 차별, 저는 그런 간접체험을 많이 했어요. 당시에 제가 가난을 통해서 배운 것이 사제로서의 제 삶에 많이 영향을 주었습니다. 나중에 내가 빈첸시오회 지도신부를 하는데도 영향을 주었지요.

고3이 돼 가지고 진로를 결정해야 하는데, 저는 법대를 가야 할 것 아닙니까? 그때 교통고등학교는 특차가 있어요. 나는 업무과에서 톱을 했기 때문에 학교에서 무시험으로 그냥 연대 경영학과에 합격시켜주더라고요. 그런데 거길 가려면 돈이 있어야지요!

서울 와서 남포 등잔 팔면서 나는 장사는 못할 사람이라는 것을 이미 알았으니까 경영학과 가봐야 은행이나 다니고 할 판이어서 거기 가서 공부할 마음은 없었지요. 궁리 끝에 '가정교사로 돈벌어서 다시 시험 봐서 법대 가겠다'고 생각하고는 연세대학교를 안 갔어요.

군산으로 내려가서 가정교사를 했습니다. 내가 실력이 있으니까 고3 여고생 다섯 명, 남학생 열 명을 가르쳤어요. 돈도 아주 조금만 받고 했지요. 그러면서 날마다 군산의 성당에 가서 남은 시간을 보내는 겁니다.

그때 사범학교 내 동창들은 대부분 선생으로 나가 있었어요. 성가대 지휘하던 동창이 선생을 하다가 군대를 가게 돼서 성가대를 누가 대신 맡아야 하는데, 옛날에 사범학교 다니지 않았느냐면서 나보고 성가대를 지휘하라는 겁니다.

그때까지 저는 남의 집 가정교사만 했지 여자들하고는 사적으로 만난 적도 없어서 성당에서도 여학생이 있으면 부끄러워 고개를 푹 숙이고 다녔다고요. 그런 날더러 성가대 지휘를 하라니 어떻게 되겠어요? 성가대를 보면 이쪽에 남자들 저쪽에 여자들이 서있지 않습니까? 그러면 나는 저쪽은 안 보고 이쪽만 보고 지휘했어요.

나는 숫기가 없어요. 고등학교 때도 애들이 월요일만 되면 주말에 만난 여자들 얘기로 아주 꽃을 피우는 거야. 역장이 교통학교 출신이니까 "안녕하세요"만 하면 열차를 그냥 공짜로 태워주니까 주말이면 춘천 가고 부산 가고 하면서 누구는 어떤 여학생 만났다 막 자랑들을 하더라고요.

그런데 나는 남의 집 가정교사하면서 내 공부까지 하느라고 정신이 없는데 무슨 그럴듯한 사연이 있었겠어요? 그러니 성가대 지휘할 때도 나는 여자 앞에서 고개도 못 들고 다녔다고. 거짓말 같지요!

# 그 재능을 왜 세속적인 데 써요?

　내 나이 만 20세에 가까워지니까 '내가 받은 재능을 어떻게 사용하는 것이 좋은가?' 그런 것을 고민했어요. 그때까지 나는 법대를 가야겠다는 마음은 확고했지요. 그런데 하느님께서는 고등학교 때부터 나를 성당에 다시 나오게 하고 군산에서 성가대 지휘를 맡기시면서 나를 서서히 준비를 시킨 거지요.

　군산 둔율동성당 사무장 방 옆에 방 하나가 비어 있었어요. 과외교사를 하면서 처음에는 고모 집에 있었는데 사람도 늘고 복잡해서 내가 거기 가서 자곤 했어요. 그러니까 매일같이 미사를 할 수 있었지요.

우리 집안이 구교집안이니까 인척들도 다 구교도들이에요. 구교도들은 천주교신자 아니면 아들딸을 안 줬잖아요? 그러다 보니까 신자도 적고 그래서 겹사돈이 많은 거예요.

아주 열심인 둔율동성당 회장님 딸이 자기 친구하고 수녀원에 들어가게 됐다며 나한테 인사를 왔어요. 사돈댁이니까 나보고 오빠라고 그래요. 지금 분도수녀원 김알로이시아 수녀예요.

그 수녀가 수녀원 가는 날 새벽미사를 하고는 "오빠, 나 이제 수녀원 간다" 하면서 나한테 이런 얘기를 하는 겁니다.

"이번에 같이 수녀원에 가는 아무개가 '오빠는 하느님으로부터 굉장히 많은 선물을 받았는데, 그 좋은 재능을 하느님을 위해서 쓸 생각은 않고 너무 세속적으로만 나가려고 한다'고 그러더라"는 거예요.

그 말이 가슴에 계속 남아서 내가 그 말을 가지고 하루 종일 싸우는 거예요. 매일 미사 끝나고 나면 그때마다 묵상을 하고 그랬는데 그 말이 머릿속에서 떠나지를 않는 거예요. 과연 내가 하느님께서 주신 것을 세속적으로만, 나만을 위해서 쓰려고 했는가?

내가 몇 개월 동안이나 그 말을 가지고 씨름을 했습니다. '과연 내가 검사나 판사가 되면 하느님 영광을 위해 일할 수 있는 길이 없는가?' 그러면서 어머니가 중학교 시험 볼 때 들려주신 그 태몽 얘기를 생각한 거예요. 그때부터 진지하게 사제의 길을 생각하게 되었지요. '하느님께서 처음부터 나를 사제로 택하기 위해서 내게 어떤 재능을 주셨다면 내가 그길로 가는 것이 마땅하지 않겠느냐!' 하고요.

그러면 내가 사제에 대해서 뭐를 좀 알아야 할 거 아닙니까? 당시에 신학교 다니시던 분이 방학 때라 내려와 계셨어요.

지금은 은퇴하신 전주교구 성민호 신부인데 그분이 아마 부제 때였을 겁니다. "사제가 되려면 어떻게 해야 합니까? 내가 이러이러한 형편인데 사제가 될 수 있겠습니까?" 그분에게 물었다고요. 내 얘기를 찬찬히 들어보시더니 "아무런 장애가 없겠다"고 그래요.

'그러면 내가 사제가 돼야겠다'고 결심을 했지요. 만 스무 살 때입니다. 그때 '지금까지는 내 멋대로 살려고 했지만 어머니께 주신 태몽을 통해 하느님의 계시가 있는 것 같으니 내가 사제가 되겠습니다' 하고 하느님과 약속을 했습니다.

본당신부님을 찾아가서 사제가 되겠다고 말씀을 드렸더니 "네가 언제부터 사제가 되려고 마음먹었냐? 너는 만날 가정교사하면서 법대 간다고 공부한 녀석이 아니냐. 그 결심 믿지 못하겠으니까 한 1년 더 있다 얘기하자"고 그러셨어요.

기왕 결심한 거 "좋습니다. 1년 참는 건 걱정 없습니다" 그랬지요. 그래서 제가 1년 동안 군산에 더 있었습니다. 가정교사는 계속 했지만 대학시험도 일부러 안 봤어요.


그 무렵 할아버지가 병석에 누워 위독하셨는데 성사를 안 보신다는 거예요. 병자성사를 보려면 자기가 미워하는 사람을 용서를 해야 될 텐데 용서를 못하시겠대요. 젊었을 때 당했던 그 수모가 너무 컸다고.

그때 둘째 작은어머니가 할아버지를 오랫동안 모셨거든요. 효부이신데다 굉장히 신심이 깊은 분인데 그분 막내아들이 지금 전주교구의 김광태 신부예요. 저하고는 사촌 간이지요.

할아버지가 병자성사를 안 받으신다고 하니 너무 걱정돼서 제가 찾아갔어요. 할아버지한테 그대로 말씀드렸어요.

"제가 사제가 되려고 합니다. 그러니 할아버지께서 저를 위해서라도 그 마음에 맺혔던 원수 같은 사람을 용서해주시고 병자성사를 받으셔야겠습니다" 그랬더니 할아버지께서 눈물을 주르륵 흘리시면서 "성사를 보겠다"고 하시더라고요. 그 말씀 듣고 안심이 되어 저는 다시 군산으로 나왔지요.

할아버지가 며칠 뒤에 죽음을 예감하셨는지 사제를 부르셨대요. 그런데 하필이면 그날이 월요일이었던 모양입니다. 본당신부들이 월요일에 쉬니까 다 떠나잖아요!

사방을 수소문해서 신부님 한 분을 겨우 모셔다가 병자성사를 딱 받고 임종하셨다고요. 그게 다 섭리라고 봐요. 할아버지가 자손 중에 신부 나오게 해달라는 기도를 그렇게 하셨잖아요. 아들 대에 안되니 손자 대에라도 해달라고 기도했는데 그 기도가 이루어지니까 용서하셨던 거예요. 그 오랜 한이 그냥 녹아버린 거예요.

그때 할아버지 돌아가시는 것을 보고 제가 느낀 게 있어요. 하느님께서는 평소에 열심히 기도하고 남을 위해서 정말 궂은 일 다한 양반들한테는 꼭 구원을 주신다는 것을 확신했어요.

사제생활을 하다 보면 어떤 문제로 상처받아서 성당을 떠나거나 안 나오는 분도 계시잖아요. 그런데 평소에 선하게 사는 사람은 하느님께서 버리지 않으셔요.

그래서 저는 신자들에게 "비록 지금 당장 냉담하더라도 과거에 하느님 믿고 선하게 산 사람들은 하느님이 절대로 안 버리신다"는 이야기를 자주 해줍니다.


1년이 지난 후에 본당 신부님이 "내가 너를 가만히 살펴보니까 너무 수줍어 여자 앞에서 고개도 못 들고 얼굴이 빨개지는데 그래가지고 본당신부하면서 어디 강론대에 제대로 설 수나 있겠냐? 너는 성격이 너무 유순하니 수도원 신부가 되면 좋겠다" 그러셔요. 그때까지 나는 수도자는 생각도 안 해봤고 뭐 알지도 못하잖아요.

그래도 신부님 말씀에는 순종해야 하니까 수도원으로 가야겠다고 생각하는데, 때마침 장항에서 온 어느 학생 하나가 광주에 있는 살레시오 수도원에 입회하러 간다는 거예요. 그 친구와 함께 가기로 했지요. 그런데 걱정스러운 것이 그때까지 서울 계시는 어머니한테는 아무 말도 안했거든요.

장남 하나 믿고 사시는 어머니한테 어떻게 할까? 직접 만나서 말씀드리면 울기만 하실 텐데… 그래서 그냥 편지만 한 통 써서 보내고 인사도 안하고 수도원에 갔어요. 아마 어머니는 그 편지 받아보고 많이 우셨을 거예요.


살레시오학교에서 원장신부님을 만나는데, 서양신부님이야. '어! 서양신부님이시니까 뭐 한국말을 못하시겠네!' 하고는 내가 용감하게 영어로 말했다고요. 그런데 이 양반은 웬걸! 한국말로 대답을 하는 거야.

수도원 지원자들이 한 예닐곱 명이 왔는데, 나이도 들쭉날쭉, 학벌도 들쭉날쭉 그래요. 신학교 가려면 대학교에 들어갈 실력이 되어야 해서 내가 그 사람들한테 저녁마다 영어 수학을 가르쳤어요. 그때는 미사 때마다 눈물이 많았어요. 날마다 눈물을 흘리면서 미사를 했어요.

수도원에서 얼마간 살다보니 나한테는 잘 안 맞는다는 생각이 들어요. 미국, 벨기에, 이태리에서 온 외국인 수도자들과 한국인 수도자들이 같이 생활하는데 아무래도 한국인들이 수도자에 걸맞은 충분한 대우를 못 받고 있다는 느낌을 떨쳐버릴 수가 없어요. 내가 워낙 가난하게 살아서 조그마한 것이라도 차별에 대해서는 예민하잖아요!

2년 뒤에 서울 대림동 살레시오회로 옮겼는데 별다른 변화가 없었어요. 내가 기쁨이 없어져 웃음을 잃었지요.

그러다 벨기에 출신 원장신부님이 새로 오셨어요. 내 얼굴을 보더니 나를 한번 만나자고 해요. 그때가 11월 말쯤 됐어요.

"수도생활을 하려면 기쁨이 있어야 할 텐데 내가 볼 때 바르나바한테는 기쁨이 안 보입니다. 왜 그런지 마음을 한번 털어놓아 보세요" 그러셔요. 그래서 내 마음을 솔직하게 얘기했어요.

원장신부님이 "9일기도를 해봅시다" 그러셔요. 같이 9일기도를 하고 난 12월 8일 내가 최종결정을 했어요.

"저는 수도원 길은 아닌 것 같습니다" 그래도 그 원장신부가 나를 생각해서 당시 대신학교 학장신부님께 추천장을 보내주셨어요. "성품도 좋고 성격도 좋은데 이 사람은 수도자의 길이 아니라 사제의 길이다. 그러니까 거기서 길을 찾아달라"고 쓰신 거예요.

수색성당, 내 본당으로 갔더니 다행히도 임마지아 주임신부님이 그때까지도 계신 거예요. 그동안 나한테 일어난 일을 다 말씀드렸더니 다른 말씀 안하시고 "주교님한테 잘 말씀드릴 테니까 걱정하지 말고 시험이나 잘 봐" 그러시는 겁니다.

대신학교 가서 시험을 보는데 경쟁률이 2대1이 넘었어요. 마지막에 학장 면접을 봤지요.

"그래 원장신부님께서 허락하던가?" 그래서 "그분이 보내서 왔습니다" 그랬지요. "시험은 잘 봤나?" 하고 물으시기에 "그냥 그냥 봤어요. 시험공부도 한 달밖에 못했습니다" 했더니 "그래도 시험을 잘 봤는데!" 그래요. 그렇게 신학교 간 거예요. 수도원생활 때문에 남들보다 5년이 늦었지요.

사람들이 내게 "당신은 하느님을 만났습니까?" 물으면 "내가 하느님을 만난 것이 아니라 내 삶 전체가 바로 하느님의 손길이 이끄는 대로 가고 있다"고 말합니다.

내 눈으로 직접 보지는 않았어도 지금까지 이렇게 살아온 것

을 보면, 하느님께서 내 손을 잡고 가고 계시다고 확실히 말할
수 있는 거예요.

# 98달러 50센트 꼭 쥐고

신학교 다니던 1972년 9월말 당시 신학교 학장이 은퇴하신 제주교구장 김창렬 주교님이세요. 그분이 〈산 바람 하느님 그리고 나〉 유고집으로 유명한 김정훈 부제와 저 이렇게 두 사람을 불렀어요.

"주교님께서 교수 양성으로 신학생을 선발해서 보내신다. 가는 곳은 오스트리아 인스부르크다. 그런데 거기를 가고 싶으면 먼저 유학시험을 봐야 한다" 그러면서 갈지 말지를 그 자리에서 결정하라는 거예요.

유학가려면 국사, 사회, 상식, 언어 이렇게 4과목을 보는데 언어가 제일 중요하죠. 오스트리아니까 독일어를 합격해야 유학을 가는 거예요. 그런데 금방 '10월 유신'이 나서 학교가 다 폐쇄돼서 공부도 못하고 다 학교에서 쫓겨났어요.

유학시험은 남산도서관에서 12월에 있는데 독일어는 한두 달 해서 시험 볼 실력이 안되잖아요. '에이, 모르겠다. 우선 독일어는 한쪽에다 놔두고 할 수 있는 거부터 하자' 그래서 국사, 사회, 상식을 공부해서 남산에서 시험을 봤지요. 국사나 사회과목은 쉬우니까 그냥 착착 잘 썼다고.

그런데 독일어 시험지를 펼쳐보니까 아닌 게 아니라 이게 검정 것은 글자고 하얀 것은 종이더라고요.

당시 최영덕 원로신부님이 원감으로 계셨어요. 개학하고 나서 김정훈 부제와 같이 최 신부님을 찾아갔어요.

"유학을 가려면 독일어를 좀 배워서 가야겠습니다. 신학교에서는 독일어를 가르쳐주지도 않으니 어떡하면 좋겠습니까?" 막 떼를 썼지요. 그래서 외국어학원에 다니는 것을 허락받았어요.

낮에는 신학교 공부 다 하고 저녁시간에 가서 독일어를 배우는 거야. 어학이라는 게 하루 이틀에 되는 것이 아니라고요.

나는 라틴어하고 영어는 어느 정도 했으니까 문법하고 독해는 학원공부가 도움이 됐어요. 그런데 작문은 도대체 답이 안 나와요. 분명히 작문이 3분의 1 정도 나올 텐데 걱정이었죠.

외국학교들은 대개 가을학기에 등록하니까 5월에 시험을 칩니다. '5월에 시험 보니까 아무래도 5월에 관계되는 문제를 낼 것이다'는 생각이 퍼뜩 들어요.

5월 5일이 '어린이날'이고, 5월 8일이 '어버이날'이고, 또 '혁명의 날'이 있고, 5월은 '청소년의 달'이다. 그래서 5월과 관련된 예상문제를 10개 뽑아서 짤막하게 대답할 말을 만들었는데 그것을 독일어로 작문할 실력이 안되잖아요.

그런데 지금 수원교구의 최윤환 신부가 그 당시 신학교 교수였거든! 그 양반이 옛날에 인스부르크에서 공부하셨다고요. 가서 "신부님, 요것 좀 독일어로 만들어주세요" 그랬지. 내가 한글로 갖다준 것을 그 양반이 독일어로 만드시고 내가 그것을 달달 외웠어요.

그렇게 5월에 시험을 봤지요. 다행히도 몇 개월 동안 독일어를 공부했다고 그래도 눈에 들어오는 거야. 딱 보니까 독일을 찬양하는 글이더라고. '독일을 봐라. 독일은 철학으로 유명해서 칸트와 헤겔이 있고, 음악가도 베토벤이 있고…' 단어를 다 몰라도 어느 정도 의미가 연결이 되는 거야. 그래서 그냥 어렵지 않게 써냈다고.

작문시험문제는 뭐가 나왔느냐면 '하루의 일기를 쓰시오' 그렇게 나왔어. 내가 공부한 것 중에 하나도 없잖아요.

그런데 가만히 꾀를 냈지. 내가 외운 것 중에 '5월은 청소년의 달이다. 5월 8일은 어머니날이다. 이날은…' 이런 게 있었거든요. 그래서 어머니날에 대해 외운 것을 쫙쫙 썼다고. 그래서? 합격됐어요.

문교부 학문과에서 합격증을 찾아가라고 연락이 왔어요. 찾으러 갔더니 거기 공무원이 미적미적하면서 안 주는 거예요. 돈 달라는 얘기인데 나는 돈이 한푼도 없잖아요. 합격증을 받지도 못하고 도로 왔어요.

그때 내 고해신부가 아일랜드 출신 골롬바노회 신부님이셨어요. 사정을 고해소에서 말씀드렸더니 교황대사로 오신 도세나 대주교님을 만나게 해줄 테니 한번 찾아오라는 거예요.

날짜를 정해서 대주교님을 뵈었더니 "한국에서 처음으로 신학생을 만났다. 반갑다. 어떤 어려움 때문에 왔느냐?" 그러셔요. 사실대로 말씀드렸지요.

교황대사가 그 자리에서 바로 문교부장관 앞으로 편지를 쓰신 거예요. 가서 문교부장관한테 주라고 당신 사인해서 교황대사 문장까지 붙어있는 봉투를 줬다고. 나는 신바람이 나서 문교부장관 비서실에 가서 "궁정동에 있는 교황대사께서 문교부장관한테 전하는 서신을 가져왔다"고 하고는 봉투를 전달하고 왔지요.

1시간 후에 교무과에서 나를 찾는데 난리가 났다고 그래요. 가봤더니 문교부장관이 그 편지를 보고는 담당공무원을 아주 된통 혼을 낸 모양이죠? 그 친구가 벌벌 떨면서 와서 아주 코가 쏙 빠지게 사과를 하더라고.

신학생 주제에 막 부임해온 교황대사를 직접 만나고 또 그렇게 도움을 받게 될 줄 어떻게 알았겠어요. 그런 모든 선의가 제가 볼 때는 그 안에 하느님의 섭리가 다 들어있다고 보는 거예요. 그러니 내 힘으로 되는 게 하나도 없더라고요.

수색성당 임마지아 신부님도 말없이 좋은 사제의 본을 보여주셨지요. 저한테 "너 신학교 가거라" 이런 말씀 한번도 안하셨지만 나한테 큰 영향을 주셨다고요. 그러니까 사제는 말만 잘해서 사제의 역할을 하는 것이 아니라 말없이 침묵 가운데서 자기 삶으로 좋은 영향을 주는 겁니다. 그 양반이요 굉장히 청렴하게 학처럼 사셨어요. 사제관 마루를 열어놓고 거기서 식사하는 걸 보면 정말 검소하게 드셨어요.


당시 서울교구에 돈이 없잖아요! 3등석 비행기표 딱 한 장을 주더라고요. 거기에다 여기저기 도움을 받아서 제가 100달러, 당시 우리 돈으로 6만 원이죠. 그 100달러만 가지고 오스트리아를 갔어요.

그때는 화곡동 작은아버지 댁에서 신학교를 다녔기 때문에 화곡동이 본당이었어요. 유학 떠난 날이 1973년 7월 15일이었는데 본당신부님과 많은 교우들이 김포공항까지 나와 환송해주셨지요.

짐도 큰 가방 하나만 가지고 떠났어요. '이제 가면 한 10년은 공부할 것이다' 생각하고 계절별로 입을 옷, 독일어 사전 한 권, 그리고 영어하고 독일어를 비교한 구문론 책만 가지고 갔어요. 남들은 김을 싸간다느니 뭐 고춧가루 같은 걸 가져간다느니 하는데 나는 안 가져갔다고. '가서 거기 음식에 적응하지 못하면 무슨 공부를 하겠느냐' 그런 독한 마음이었죠.

10월 유신 때문에 완전히 억압된 분위기에서 비행기를 탁 타니까 아닌 게 아니라 갇혀있던 새가 새장을 벗어난 기분이더라고요.

제일 먼저 도착한 곳이 홍콩이야. 중간기착지지요. 그런데 처음으로 비행기 탄 놈이 뭘 압니까? 캄캄한 밤에 내렸는데 내 가방이 무겁잖아요? 누가 와서 가방을 달라고 하길래 나는 친절하게 내 가방을 그냥 가져다주는 줄 알았다고요.

그런데 그 포터가 돈 달라고 해요. 100달러 가져간 중에서 그냥 금방 1달러 50센트가 날아갔다고요. 큰일 났더라고.

비행기회사에서 재워주는 호텔에서 잠을 자고는 아침에 "이 근방에 성당이 어디 있느냐?" 물어봤어요. 호텔 바로 앞에 있다고 그래요. 그게 신학교 성당이더라고요. 서양 신부님이 미사 드리는데 한국에서 왔다고 하니까 미사 끝나고 식사를 같이 하자고 그래요. 거기 사제관에 가서 공짜로 밥을 얻어먹었어요. 공부 열심히 잘하라고 격려까지 받았어요.

밤에 떠나니까 시간이 많이 남아있잖아요. 다시 호텔에 갔더니 일행 중 한분이 '구룡반도' 가서 구경도 하고 자기가 점심을 내겠대요. 자기가 상사원이니까 아주 홍콩을 훤히 안다는 거야. 그 사람 따라서 홍콩 시내를 졸졸 따라다녔어요.

어느 구둣방에 가서 구두를 하나 보는데 "한 켤레에 100달러" 그래요. 내 옆에 있던 사람이 자기는 한국구두는 무겁다면서 지갑에서 100달러를 주고 사는데, 이태리 명품 구두를 그때 내가 처음 봤지요. 입이 딱 벌어졌지요. 나는 전 재산인 100달러 가지고 유학 가는데, 그것도 1달러 50센트를 빼앗겨서 90몇 달러 갖고 가는 판인데요.

촌놈이 홍콩 번화가를 처음 보니까 뭐 휘황찬란하죠. 그때 중국집에서 처음으로 코스요리를 먹어봤어요. 배도 부르고, 구경도 잘하고 배를 타고 다시 공항으로 와서 밤에 또 비행기를 탔잖습니까?

그 비행기가 이번에는 방콕에 내렸어요. 그런데 방콕은 어찌나 덥던지요! 상사원 그 일행들은 홍콩까지만 같이 오고, 거기서 다 갈라졌기 때문에 나만 따로 타고 가는데 돈이 있어야죠.

커피 한 잔도 1달러를 달래요. 음식값을 물어보면 5달러예요. 먹지도 마시지도 못하고 땀을 쭐쭐 흘리면서 7시간을 공항에서 기다리는 거예요.

밤 8시가 되니까 기내식이 나오잖아요! 그놈을 먹고 나니까 이제 졸음이 쏟아져서 한참을 잤어요. 그러다 갑자기 귀가 째지는 것 같아서 깼더니 이번에는 또 인도의 카라치에 도착했어요. 카라치에서 비행기 기름 넣는다고 또 2시간 기다렸다 출발했는데 한참을 가니까 로마에 도착했어요.

로마에서도 또 한참을 기다렸죠. 그때마다 나는 물 한모금 안 사먹고 만날 기내식만 먹는 거예요. 계속 98달러 50센트를 꼭 쥐고.

그리고 네덜란드를 거쳐 프랑크푸르트에 먼저 갔다가 그다음에야 오스트리아 비엔나로 들어가더라고요.

# 클레멘스 가족의 45일간 초대

비엔나 공항에는 7월 17일 오후 2시에 도착했어요. 갔더니 공항에 두 사람이 나와 있어요. 지금은 돌아가셨는데, 당시 한국 신학생이었던 정원교라는 분하고 클레멘스라는 오스트리아 신학생이 나를 데리러 왔어요. 그제서야 '이제는 걱정 안해도 되겠지' 안도가 되더라고. 가까운 스테파노 대성당에 가서 무사히 도착한 데 대한 감사기도를 드렸지요.

클레멘스 얘기가, 인스부르크는 비엔나에서 급행열차로 6시간을 가야 하니 자기 집에 가서 저녁이나 먹고 가라고 자기 어머니가 초대했다고 그래요.

그 친구 집은 '클로스터 노이부르크'라는 곳에 있는데 옛날 합스부르크가의 황제를 위해서 평생 동안 기도하는 수도회가 있는 도시입니다. 거기 가기 위해 생전 처음으로 전철을 탔지요. 집에 도착하니 한 4시 반쯤 됐어요.

친구 어머니가 반갑게 맞아주시면서 "조금 있으면 아버지 오시겠다"고 그러더라고. 그 소리가 끝나자마자 "띵동" 하고 벨이 울리는데 문을 여니까 키가 크고 위아래 검정색 허름한 양복을 입은 양반이 한 몇십 년은 된 듯한 묵직한 가방을 들고 들어오시더라고. 들어와서는 바로 자기 부인한테 키스를 해요.

클레멘스가 나를 소개해줬지요. 옷을 갈아입고 나와 정원의 잔디를 1시간 정도 손질하더니 6시에 식사하자고 그래요.

식탁에서 애들도 저녁준비를 도와주는데, 아들 셋에 딸이 둘이에요. 그런데 이 사람들이 무척 검소해요. 저녁 식사할 때 수프만 하나 더 끓이지, 손님 왔다고 우리처럼 특별히 준비하는 게 없어요. 음식을 준비한 어머니가 가운데에 탁 앉으니까 식사기도하고 바로 식사를 시작하더라고. 식탁에 그릇을 어떻게 놓고 하는지를 그때 내가 유심히 봤어요.

식사를 하면서 이런저런 얘기를 나누고, 식사 후에도 우리처럼 뿔뿔이 흩어지지 않고 식탁에 앉아서 저녁기도를 하더라고.

설거지도 아들딸이 다 같이 돕더라고요. 나도 밥을 공짜로 얻어 먹었으니까 가서 그릇을 닦았죠.

식사가 끝나자 그 정아무개 신학생은 나보고 빨리 가자고 하더라고요. 그런데 나는 방학이라 텅 비어있을 신학교보다는 그 집에 좀 더 있으면서 오스트리아 가정은 어떻게 사는지 알고 싶었어요. 클레멘스가 어머니한테 여쭈어 3일만 머물다 가라는 허락을 받았죠.

나 때문에 전날 6시간 걸려서 인스부르크에서 비엔나까지 와준 신학생은 입이 이만큼 나와서 가버렸어요.


클레멘스 아버지가 "손님이 왔으니까 우리 음악회를 하자" 그러시더라고요. 아버지가 그랜드피아노에 앉으니까 큰딸이 옆에 앉아서 악보를 넘기고, 클레멘스는 플루트, 둘째아들은 첼로, 둘째딸과 막내는 바이올린을 연주했고, 어머니는 치타라는 악기를 켜는 겁니다. 왈츠를 연주하고 그다음에 베토벤의 심포니, 슈베르트의 가곡도 연주하고 그래요.

가만히 들어보니까 그중에 내가 아는 곡이 나오잖아요. 그래서 내가 연주에 맞춰서 노래를 불렀다고. 그러니까 "아니 어떻게 그걸 아냐?"고.

그렇게 1시간 정도 온 가족이 연주를 했어요. 연주를 다 하고 잠을 자는데 그 어머니가 "내일 아침 6시 미사를 가는데, 5시 반에 일어날 거다. 미사 가고 싶으면 그때 너도 일어나라" 그래요. 신학교에선 5시 15분이면 일어났으니 그때도 일찍 깼지요.

깨어나서는 전날 눈여겨 본대로 아침 먹을 그릇하고 커피그릇을 찾아 식탁 위에 다 준비해놨어요. 그랬더니 5시 반에 클레멘스 어머니가 부엌에 나와서는 "이거 누가 했냐?"고 물어봐요.

그때가 7월이니까 꼬마 애들이 방학이잖아요? 그래서 걔들 데리고 잔디밭에서 공차고 달리기도 하고 같이 놀아주니까 나를 무척 좋아해요. 꼬맹이들이랑 놀면서 "이걸 독일말로 뭐라고 하냐?" 하면서 하나씩 독일말을 배우는 거예요. 3일이 훌쩍 지나가더라고요.

그런데 이제 내가 가야 한다는 얘기가 나오니까, 두 꼬맹이들이 자기 엄마한테 가서 바르나바 가지 말게 하라고 떼를 쓰는 거예요.

청소 잘하죠. 아침에 식사준비 탁탁 다 해줘, 애들과도 잘 놀아줘. 노래할 때 같이 노래 부르고 하니까 그 어머니도 내가 마음에 들었던가 봐요. "네가 원하는 대로 있어라" 해요. 그래서 내가 그 집에 45일 동안이나 있었어요.

하루는 그 아버지가 클레멘스하고 작은아들하고 나하고 4명이 집에서 한 30분 떨어져 있는 수도원 성당으로 갔어요.

그런데 수도원에 가니까 그레고리안성가를 얼마나 멋지게 노래하는지요! 그 노래가 다 기도잖아요? 마치 천상의 소리 같았어요. 신학교 오기 전 수도원에서 살며 느꼈던 어떤 상처가 다 치유되더라고요.

나중에 알고 보니까 그 아버지가 오스트리아의 보사부 차관이더라고요. 그런데도 허름한 옷에, 몇십 년 된 가방을 들고 전철을 타고, 집까지 15분을 걸어다니는 거야. 지하 차고에 관용차하고 자가용하고 차가 2대나 있었는데 말이죠.

하루는 내가 그 아버지한테 물었어요. "내가 여기 와서 여러 가지 보고 느끼는데, TV가 있으면 TV보고 독일어 좀 배우고 할 텐데 TV도 없고 신문도 없으니까 뭐 그렇다"고 하니까 그 아버지 말씀이 "내가 돈이 없어서 TV나 신문을 안 보는 것이 아니다. 만일 TV나 신문이 있으면 지금처럼 우리 가족이 저녁마다 콘서트를 할 수 있겠느냐?" 하시는 거예요.

그 아버지가 한번은 나보고 "바르나바야, 우리 멀리 여행갈 건데 따라가겠냐?" 그래요. 나야 뭐든지 하나라도 더 배워야 하니까 졸졸 따라갔다고.

그 아버지하고 높은 산에 있는 목장에 갔어요. 사진에서나 봤던 전나무가 쭉 늘어서 있는 알프스산 목장인데도 소가 한 마리도 안 보이는 거예요.

한참 있다가 그 목장주인이 산 아래를 바라보면서 독일말로 뭐라고 하더라고. 한 10분 있으니까 저 아래서부터 수십 마리의 소가 절렁절렁 소리를 내면서 언덕 위로 올라오더라고요.

안 보이던 소가 주인의 소리를 알아듣고 오는데, 성경에 나오는 '착한 목자' 그 대목이 그냥 싹 가슴에 들어오더라고. 양들은 자기 목자를 알아본다는….

그 목장마을에서도 미사하는 데를 따라가 봤어요. 새벽인데 신부님 목소리가 잘 안 들리는 거야. 은퇴하신 수도원 신부이신데 후두염에 걸려서 아주 힘드시더라고.

한국에서 왔다고 하니까 "아이고 잘 왔다"고 하면서 자기 방에 가서 봉투를 주면서 "가서 공부 잘하라"고 하는 거예요. 당신도 아주 외롭게 살면서 낯선 신학생을 위해 그렇게 베풀어준 그 마음을 지금까지 잊지 못합니다. 수도원 신부가 무슨 돈이 있었겠어요!

나는 그 45일 동안 구라파의 여러면을 봤어요. 나한테는 아주 좋은 초대였지요. 그 경험들이 유학생활에, 내가 신부가 되는데 큰 도움이 됐습니다. 다 하느님의 섭리지요.

# 사제서품 그리고 히티사우마을의 축제

신학교에 갔는데, 신부님들이 강의를 하시면 처음에 몇 단어만 들어오고 가운데는 안 들어오고 끝 단어만 들어오니 이해를 전혀 못하는 거예요.

옆 신학생들은 필기를 속기로 해요. 독일어가 워낙 길기 때문에 자기들도 그 긴 단어를 받아쓸 수가 없대요. 그래서 중학교 1학년 때 속기를 배운대요. 옆에서 보니까 지렁이만 그리고 있는 거예요, 속기로 쓰니까. 그래도 다행인 것이 학기말시험을 볼 때가 되면 외국사람들을 위해서 속기로 쓴 것을 열심히 풀어 타자해서 파는 사람이 있었어요.

그런데 가장 어려움을 느끼는 것이 주말이에요. 토요일만 되면 그렇게 많던 학생들이 자기 집에 가고 남는 건 우리처럼 제3세계에서 온 사람들뿐이었거든요. 그렇다고 만날 혼자 돌아다닐 수도 없고, 하루는 신학원장을 찾아갔어요.

"다른 아이들은 주말만 되면 어딜 가는데 갈 데도 없고 외롭습니다. 그래서 어디든 자주 방문할 수 있는 곳을 소개해주십시오" 이렇게 얘기를 했어요.

그랬더니 그 당시 신학원장인 미리봉 신부님이 "사실 우리가 여러분을 초대할 때 우리가 능력이 있거나 여유 있어서 초대한 것이 아니라 주교님들이 신학생들을 어떻게든 공부시켜달라고 해서 초대한 것이다. 그래서 사정이 어렵다. 나도 해결책을 찾고 있는데 쉽지 않다"는 거예요.

한 달 정도 지난 후 신학원장이 저를 불렀어요. 그 신학원이 오랜 전통을 가진 신학원이기 때문에 그곳 출신 선배들이 후원금을 조금씩 보내는 것으로 운영된대요.

그런데 후원금이 모자라니까 신학원장이 각 본당신부님이나 주교님한테 편지를 쓴대요. "외국에서 온 어려운 학생들이 방학 동안 가정처럼 느낄 수 있는 곳을 제공해주시도록 도움을 청합니다" 그러면 가끔 답장이 온대요.

몇 년 전에 나이지리아 신학생이 왔기에 한 시골본당에 편지를 했더니 그 학생을 성탄연휴에 보내달라고 했대요.

오스트리아에서는 주님공현대축일을 전후해서 선교후원금을 모아요. 아이들한테 바구니를 들려서 동방박사 분장을 하고 "동방박사들이 이렇게 왔습니다~" 그런 노래를 하면서 각 집을 돈대요. 그러면 그 집에서 과자도 주고 후원금도 준대요.

그 나이지리아 학생이 성탄을 지내러 갔는데 흑인이니까 잘됐다고 동방박사를 시킨 거예요. 시골 깡촌에 진짜 흑인이 왔으니까 애들이 유난을 떨었나봐요. 그 신학생이 자기를 비하하는 줄로 오해해서 겨울방학 끝나고 돌아와서는 다시는 안 간다고 했대요.

그런 얘기를 하면서 "만약 네가 그 본당에 간다면 갈 수 있겠느냐?" 물으시기에 "걱정 마십시오. 제가 가서 잘하겠습니다" 했지요.

한 보름 후에 원장신부님이 희색이 만연해가지고 오셔서 그 본당에 편지를 했는데 답장이 왔다는 거예요.

처음엔 그 본당 사목위원들 3분의 2가 반대를 했다는 겁니다. 그래서 후원하지 않기로 했는데 다음날 성가대지휘자가 찾아와서 "신부님, 본당에서 못하면 제가 개인적으로 하겠습니다" 하더래요.

성탄방학이 되어 인스부르크에서 두 시간 거리 되는 도른비른이라는 곳에 가서 마중 나온 그 지휘자와 함께 차로 한 30분 계속 산으로 올라갔어요. 해발 800m 되는 곳이라 나중에는 귀가 멍멍해지더라고요.

도착하니까 초원지대에 큰 성당이 있어요. 그 성당은 사무장도 없고 신부님이 5시 15분에 일어나서 성당 문 열고 6시 되면 삼종 치고 그랬어요. 수녀님도 없어서 애들 복사옷도 신부님이 직접 입히고요. 그래서 내가 미사 때 복사 노릇도 하고 이것저것 도와드렸죠.

처음 미사 드리기 전에 신부님이 "내가 너를 소개해줄까? 아니면 네가 할래?" 묻기에 "제가 할게요" 하고 강론대에 가서 "제 이름은 바르나바고 한국에서 왔는데 인스부르크 신학원에 다니고 있습니다. 앞으로 가족처럼 잘 보살펴주세요" 그러자 신자들이 아주 반겨주었어요. 나를 소개하는 말을 독일어로 만들어서 그것을 다 외웠거든요. 끝나고 나니 본당신부님이 잘했대요.

그리고 본당신부님이 오래된 자전거 하나를 줬어요. 자전거를 타고 가다가 아무 집에나 그냥 쑥 들어갔지요. 농부들이니까 문을 안 잠그고 다니잖아요.

어느 집에나 처음 가면 놀라는 거예요. 근데 내가 스스럼없이 들어가서 성탄 케이크도 같이 먹고 하니까 마음을 열더라고요. 이 집에 있다가 옆집 가고, 하루 온종일 돌아다니는 거예요.

아침에 일어나서 밥만 먹으면 밤 10시까지 돌아다녔죠. 그러다 보니 모든 가정을 빼놓지 않고 방문한 셈이 되었어요. 그래서 그 사람들하고 친숙하게 지냈지요. 결국 처음에 사목회의에서 반대했던 사람들이 다시 도와주자고 했대요.

히티사우성당에서 사제서품을 받았어요. 김수환 추기경님, 지구장 신부님이 오셨어요. 그 마을에는 유사 이래 추기경님이 처음 오신 거예요. 김수환 추기경님이 저를 추천해서 보냈기 때문에 감회가 깊으셨죠.

사제서품식은 1974년 10월 31일, 저를 후원하는 히티사우본당에서 하기로 했어요. 당시 도른비른 지구장 신부님이 히티사우 출신이신데 당신 이후에 제가 처음이래요. 나이가 그렇게 많으신데 히티사우에서 당신 이후에 신부가 하나도 안 나온 거예요. 신학생은 많이 갔는데 중간에 그만두고 해서 내가 바로 다음이에요.

우리도 사제서품식을 크게 하지만 거기는 더욱 크게 합니다. 그 마을 전체의 축제예요. 사제 서품은 10월 31일에 받고 첫 미사는 11월 1일에 했어요. 오랜만에 대성당이 꽉 찼어요. 그 마을 전체인구가 1,670명이에요. 2천 명이 들어갈 수 있는 성당인데 그동안 찬 적이 없다가 그날 꽉 찬 거예요.

첫 미사의 미사곡이 모차르트의 대관미사곡이에요. 그 조그 만 성당에서 오케스트라까지 갖춰서 했어요. 그런데 너무나 잘 해서 본당신부님이 "이렇게 잘할 줄 알았다면 방송국을 초청해 서 녹화하는 건데…" 하며 무척 아쉬워하셨죠.

첫 미사를 드리러 입장을 할 때 파이프오르간이 울리고 성호 경을 긋고 짧게 인사말을 하는데 갑자기 어머니 생각이 나가지 고 한 2~3분 미사를 못 드렸어요. 우리 식구들은 아무도 못 왔 거든요. 그걸 보고 그곳 사람들이 다 울었지요.

# 부부가 백인인데 웬 흑인 아이

　오스트리아 사람들은 어릴 때부터 신앙교육이 잘되어 있어
요. 각 본당 사제들이 학교에 가서 종교시간을 갖거든요.
　그러니까 부모가 열심이든 열심이 아니든 모든 아이들은 의
무적으로 일주일에 2시간씩 종교교육을 받아요. 신부들도 자연
히 공부하는 사제의 모습이 되고요. 아이들은 초등학교 들어가
면 일찌감치 첫영성체를 해요.
　우리는 일률적으로 초등학교 3학년 때 다 첫영성체를 주는데
그것은 평균 바보를 만드는 것과 같다고 봐요.
　열심인 신자 가정의 아이들이나 게으른 가정의 아이들이나

똑같은 때에 첫영성체를 주는 것은 신앙을 획일적으로 저급 평준화하는 거예요. 교황청도 영성체를 일찍 주라고 권장하고 있어요. 20세기 초에 교황 비오 10세가 첫영성체 나이를 굉장히 낮췄거든요.

우리 어릴 때만 해도 구교 집안은 가족이 아침저녁으로 기도하고 열심이니까 초등학교 들어가기 전에도 첫영성체를 주었거든요. 저도 그렇게 받았고요. 그러니까 열심인 아이들은 신부 재량으로 영성체를 일찍 줄 수 있어야 합니다.

제가 신내동 주임으로 있을 때 성당에 어린이집을 만들었어요. 일주일에 두 시간씩 네 살 때부터 제가 가르쳤어요. 그리고 초등학교 1학년 때 첫영성체를 줬습니다. 그랬더니 주위 신부님들이 다 초등학교 3학년 때 주는데 왜 초등학교 1학년에 주느냐며 다 반대를 하는 거예요.

저는 원래 교회법에 따라 열심인 아이들에게 첫영성체를 주는 것인데, 그것마저 시비가 되는 거예요. 신부님들이 영적인 문제에 관해 좀 더 깊이 생각을 하셨으면 해요.


사제서품을 받고 여름방학 때 독일 뮌헨의 성당에 가게 됐어요. 거기서 본당신부님 일을 도와주고 시간을 내서 독일어학원을 다녔어요.

한번은 성당의 관리장이 식사에 초대해서 갔더니, 관리장을 하면서 받은 월급으로 성당건물의 방 하나에 세들어 살고 있다고 해요. 자기 월급의 절반이 임대료로 나가니 아이 옷은 자기 부모님이 마련해주고 있다면서 갓난아이가 크면 부인도 무엇이든지 일을 해야겠다고 하더라고요.

그런데 다음에 관리장 집에 또 가게 됐어요. 갓난아이는 꽤 컸고 그 옆에 조그만 흑인아이가 있는 거예요. "두 사람이 백인인데 웬 흑인아이냐?"고 하니까 재미있다는 듯 웃어요.

그때 나이지리아가 내전 중이었는데 TV에서 아이들이 많이 죽고 있다는 방송을 했었나 봐요. 두 부부가 그것을 보고 "우리가 아이 옷도 제대로 못 사입히지만 그래도 우리가 무엇인가 하는 것이 하느님 앞에 사랑을 드리는 것이 아닐까요?" 그렇게 기도했다는 거예요. 그러면서 아이를 한 명 입양하기로 했다는 겁니다.

그 어려운 살림에 아이를 입양하려면 우선 비행기값부터 몇천 프랑을 내야 하는데, 그 얘기를 듣고 숙연해지더라고요.

그다음 해 겨울방학 때 뮌헨에 가서 관리장 집에 또 가게 되었어요. 가서 보니까 갓난아이가 또 하나 있는 거야! 이번엔 흑인아이가 아니고 동양아이예요.

"아니 어떻게 된 거요? 또 둘이 낳은 건 아닐 테고" 했더니 웃으면서 베트남 아이라는 거예요.

월남이 패망해서 TV에 보트피플이 나오고 그랬잖아요. 그걸 보고 "신앙인으로서 우리는 밥은 먹고 살지 않느냐? 그런데 저 사람들은 죽어가고 있다. 예수님께서 네 형제 중에 가장 보잘 것없는 형제에게 베풀라고 하셨는데 저렇게 죽어가는 사람들을 위해 우리가 할 수 있는 것이 무엇이냐?"고 기도했다는 거예요. 그래서 결국 아이 하나를 또 입양했다는 겁니다.

내가 사제지만 과연 그렇게 할 수 있겠는가 싶어요. 우리는 외적으로는 열심하고, 입으로는 사랑을 이야기하고 순교자의 후예라면서 성지순례도 많이 가지만 현실에서 구체적으로 사랑을 실천하는 데는 너무나 인색하지 않느냐?

부모가 없는 조카를 데려다 자기 자식처럼 키우는 신앙인이 많이 있느냐 이거예요. 이런 판인데 우리가 아프리카 아이들을 돌볼 수 있겠어요. 심지어 우리는 우리나라 아이들을 얼마나 많이 해외로 입양을 시키냐고요.

이런 걸 볼 때 오랜 가톨릭 전통에서 잘 살아온 사람들의 믿음이란 얼마나 큰 것이냐! 그 생각을 했어요.

야고보성당 길 건너에 구름다리를 건너면 양로원이 있었어요. 노인들이 재료를 사다가 음식을 직접 만들어 먹기도 하는

콘도식 양로원이에요.

내가 거기에 사는 79세, 77세 할머니 자매에게 공짜로 독일어를 배웠어요. 두 분이 초등학교 교사였는데 은퇴해서 같이 사는 거예요. 친자매인데 두 분 다 결혼을 안했어요.

제가 독일어 신문을 천천히 읽고 있으면 이 양반들이 가만히 듣고 있다가 "그건 틀렸어. 이렇게 해야 돼" 하면서 발음을 교정해주세요.

또 강론을 써가지고 가서 그분들 앞에서 미리 읽어요. 그러면 "이 부분은 좀더 힘을 주어서 해야 하고, 이 부분은 못 알아들을지 모르니까 천천히 해줘" 하시면서 말하는 템포를 가르쳐주는 거예요. 그 할머니들이 자기 제자마냥 잘 가르쳐줘서 그때 도움을 많이 받았습니다.

두 할머니께 왜 시집을 안 갔냐고 물어봤더니 독일하고 오스트리아에서는 아가씨들이 교사가 되면 결혼하지 않는 것이 옛날부터의 관습이었대요.

여교사가 결혼해서 자기 아이를 갖게 되면 관심이 자기 가정에 더 쏠리기 때문에 교재연구도 잘 하지 않고 맡은 아이들을 철저하게 가르치지 못하게 될까봐서 일부러 결혼을 안했다는 거예요.

그 할머니들 말이, 자기가 가르친 아이들이 군수가 되고 시장이 되고 공직을 맡아 사회에 기여하는 것을 보면 굉장히 기쁘다는 거예요. 그 얘기를 듣고 남을 가르치는 사람은 저렇게 전심전력을 다해서 가르쳐야 참 교사가 아니냐! 생각했어요.

예수님께서는 당신 제자들에게 모든 것을 버리고 나를 따르라고 하셨잖아요. 자기가 가르치는 아이들을 위해 결혼을 포기하겠다는 것은 사제나 성직자가 자기가 맡은 양떼를 위해서 결혼을 포기하겠다는 것과 같잖아요. 그래서 제가 그 할머니들을 마음으로 굉장히 존경했습니다.

# 성당에 유치원, 양로원, 고아원을

　귀국한 뒤에는 아현동 본당 보좌를 잠깐 하다가 가톨릭대학
교수로 갔어요. 교회법하고 라틴어를 가르쳤지요.
　그리고 1992년 상봉동성당으로 발령이 나서 가보니까 아주
오래된 성당인데 신자는 9,000명이나 됐고 관할 동이 면목1, 2
동, 상봉1,2동, 망우3동, 신내동, 중화동 해서 거의 10개나 되
요. 대부분 고향을 떠나 서울에 발붙이기 위해 한데 모여 사는
데, 가난한 분들이 많았어요.

　구역이 너무 넓어서 성당을 망우동 쪽에 하나, 신내동 쪽에

하나로 나눠야겠다고 했더니 신자들이 반응이 없어요. 벌써 구리, 면목동, 퇴계원으로 몇 개 본당이 나눠졌대요. 만날 남만 분가시키느라 이 사람들이 아주 맥이 다 빠졌는데, 내가 가자마자 또 분가를 얘기하니까 그런 거예요.

그래도 신내동은 빨리 분가해줘야겠더라고요. 벌써 신내동 배밭으로 아파트단지가 들어설 거라는 소문이 다 났어요.

사목위원들부터 모아놓고 기도하고 백지 내놓고 나부터 쓰는 거예요. '주임신부 천만 원' 이런 식으로… 그렇게 아파트가 들어오기 전에 부랴부랴 신내동 공소 옆에 있는 땅을 조금씩 사서 오늘날의 신내동성당을 지었어요.


망우동도 분가해야 하는데, 다행히 어느 개신교회가 건물을 내놨다는 정보를 알게 됐어요. 개신교회 건물은 102평밖에 안 되고, 그 건물 앞집하고 뒷집까지 사서 합쳐야 300평 정도가 되는 거예요.

집주인들을 설득해서 비밀리에 어떻게든지 한 날에 도장을 찍으려고 한 6개월 동안 조심스럽게 작업을 했어요.

신자들이 "그렇게 열악한 곳에 우리들만 내보냅니까?" 하길래 내가 주교님께 부탁해서 망우동 본당 초대 주임신부로 자원해 갔어요. "처음부터 내가 같이한다" 하고요.

성당 앞집 뒷집을 사서 뒷집은 사제관하고 수녀원으로 쓰고, 앞집은 헐어서 마당을 만들어 성모동산을 꾸미고 지하에 소성당 만들고 해서 지금의 망우동 성가정성당을 만들었습니다.

저는 교회가 과감하게 평신도들을 활용해야 한다는 생각을 가져왔어요. 옛날에는 수녀님들이 청소도 하고 제의도 세탁하고 꽃꽂이도 하고 교리교육도 하셨지만 이제는 평신도들이 다 해야 한다고 봐요.

평신도들은 세상 속에서 더 많은 걸 봤고 더 많은 경험을 했기 때문에 더 잘할 수 있는 것들이 많아요. 염하는 것도 평신도들이 다하고 문상하고 밥하는 것도 평신도들이 하지 사제가 어떻게 다해요? 사제가 열린 마음으로 과감하게 인재들을 적재적소에 잘 활용해야 교회가 활성화 됩니다. 그래야 신바람 나는 교회가 돼요.

신내동 주임신부로 있으면서 여성 성가합창단을 만들고 여성 복사단도 만들었어요. 여성 복사들은 평일 10시 미사라든지, 또 아이들이 참여하지 못할 때 복사를 서게 했어요.

유럽에는 평신도 부제도 있는데, 기존에 해오던 것도 제대로 활용을 못한다는 것은 그만큼 우리가 미래지향적이지 못하다는 거예요.

저는 망우동에 있을 때도 과감하게 여자분에게 교육부장을 시켰지요. 오랫동안 성경을 가르쳐왔고 성경공부도 많이 하신 분이기에 교육부장을 맡겨서 신자들 성서교육을 하게 했습니다. 체험들이 있기 때문에 아주 쉬우면서 피부에 와 닿게 하더라고요.

사제들이나 수도자들은 가정을 이루지 않다 보니까 아무래도 체험하는 것이 한계가 있다고요. 그런데 자매들은 아이를 낳고 가정생활을 하면서 부인으로서 어머니로서, 그리고 일가친척들과의 관계 속에서 겪는 게 많다보니까 신자들에게 더 많은 것을 줄 수가 있어요.

사제들도 그런 평신도의 강의를 들으면서 때때로 많은 것을 배워야 되거든요. 저는 그런 점에 있어서는 교회가 과감하게 평신도에게 문을 열어주는 게 좋다고 생각해요.


본당마다 소규모로 사랑의 집이나 나눔의 집, 위로의 집들을 하나씩 지어서 운영했으면 좋겠어요. 자식이 잘난 사람들은 국가로부터 도움을 받지만 불효한 자식이나 능력 없는 자식을 둔 부모들은 국가로부터도 외면당해요.

젊어서는 어떻게 품팔이라도 해서 살지만 나이 들고 병들면 의지할 곳 없는 분들이 있어요. 혼자 사는 노인신자 중에는 외로움을 못 견뎌 자살까지 하기도 해요. 노인네 자살한 것은 통계도 안 잡혀요. 주위에서도 쉬쉬해서 병으로 죽었다고 하지 자살했다는 소리는 잘 안하거든요.

그런 소외된 사람들에 대한 배려를 교회가 해야 하는데 어떻게 하느냐? 시설을 크게 짓는 것이 아니라 실질적으로 내 가까운 이웃처럼 피부에 와 닿게 해야 돼요.

상봉동에 있을 때는 본당에서 할머니들을 모시고 살았어요. 본당에서 조금만 도와주면 되니까 아주 기쁘게 잘사셨어요. 큰 기관이나 제도권에 맡기면 많은 사람들 속에서 외로움을 더 타게 되는 안쓰러운 점이 있어요. 20명이 넘으면 일종의 수용소 개념이 되어버리죠.

그래서 저는 정말 한 가족처럼 느낄 수 있는 공동체 시설을 각 본당에서 하나 정도씩은 짓자는 겁니다. 각 본당에서 마음만 있으면 어린이집이나 장애우의 집이나 할머니집, 할아버지집을 얼마든지 운영할 수 있어요.

신자 5천 명의 공동체라면 20~30명은 충분히 돌볼 수가 있어요. 본당의 성직자, 수도자, 평신도가 마음을 모아서 그리스도의 보금자리를 만드는 거예요. 그러면 선교에도 굉장히 좋은 영향을 줄 수 있지요.

옛날에는 천주교가 유치원이라든지 양로원, 고아원 운영을 앞장서서 했는데 지금은 거꾸로 아주 열세예요. 그러다 보니까 성당에 젊은 사람들이 없어요. 어린이집, 유치원을 잘 활용하면 아이들 있는 곳에 어머니가 오게 되고, 부인 있는 곳에 남편이 오게 돼요. 자연히 선교가 되는 거예요.

요즘에 맞벌이하는 부부들은 젖먹이 때부터 아이를 맡기는 사람이 많아요. 그 아이를 초등학교 때까지만이라도 맡아 기르면 한 4~5년은 완전히 신앙교육을 넣어줄 수 있잖아요. 그러면 자연히 냉담했던 사람들도 다시 열심히 나오고 그 아이도 어릴 때부터 신앙을 맛보는 거죠.

마찬가지로 양로원도 신자들 부모부터 모시면 돼요. 신자들 중에도 여러 가지 사정으로 못 모시는 분들이 있잖아요. 성당 내에 단체들이 십시일반으로 시간을 내면 다른 양로원보다 훨씬 더 질 좋은 양로원을 운영할 수 있는데, 그것들을 우리가 등한시하고 있어요. 국가가 해결할 문제라고만 생각하는데 사실은 우리 문제라고요.

그렇게 되면 신자 자녀들은 봉사활동도 거기서 하면 돼요. 본당에 와서 하면 어릴 때부터 소위 말하는 남에게 베푸는 정신이 저절로 이어질 것이라고요. 그것은 머리만 커지는 것이 아니라 마음이 커져야 되는 것이라고요.

사제는 좋은 일을 할 때도 어떻게 보면 겪지 않아도 될 것을 겪는 억울함이 있어요. 성당을 지을 때, 땅을 살 때 우리가 계산상으로 천만 원이 든다면 실제로는 소소하게 들어가는 부대비용이 더 많을 때도 있어요. 그런 것들을 일일이 다 공개하지 못하는 사정이 있지요.

대부분의 신자들은 그걸 잘 이해하고 따르지만 그것 가지고 또 뭐라 하는 사람들이 꼭 있잖아요. 그러면 뭘 하려고 마음먹었다가도 '내가 이걸 해서 여기서 영구히 사는 것도 아니고 그렇다고 내 것도 아니고, 신자들도 외면하는 판인데 내가 왜 비난을 당하면서까지 이런 일을 해야 할까?' 이렇게 의기소침해지는 때가 있어요.


십몇 년을 어려운 지역을 돌아가면서 본당 4개를 신설하고 성당 지을 땅을 사는 과정에서 내가 겪은 육체적, 정신적인 피로라든지 물질적인 손해가 한두 가지가 아니지요.

물론 하느님께 봉헌한 사제가 사람에게 칭찬받으려고 뭘 하는 건 아니지만 그래도 마음의 상처들이 있어요. 그래서 '좋은 일을 한다는 것도 쉬운 일은 아니다' 생각해요.

희생 없이 주어지는 건 없잖아요. 한 알의 밀알이 썩어야만 많은 열매를 맺는데, 우리 사제들도 썩어야 열매를 맺지 그런 썩음이 없으면 열매를 맺을 수가 없더라고요.

요즘은 쉬는 교우들이 너무 많아요. 여러 가지 원인이 있겠지만 우선 급격한 도시화로 많은 인구가 이동하는 것이 문제예요.

본당신부의 임기도 영향을 많이 줍니다. 서양에서는 교회법에 따라 한 신부님이 죽을 때까지 정좌해서 자기가 세운 장기적인 목표에 따라서 본당을 운영할 수 있어요.

그런데 한국은 빈부차이, 도농차이가 있다는 것 때문에 주임신부는 4~5년, 보좌신부는 2년, 수녀님은 2~3년마다 이동을 시키다 보니까 도대체 본당이 안정이 안 돼요.

새로 부임한 본당신부가 전에 했던 것을 완전히 뒤집는 경우가 종종 있어요. 전임신부가 계획을 잘 세워놓은 것도 다 뒤집으니까 지속성을 갖지 못하지요. 중장기계획을 실행하지 못하고 만날 5년 내에 계획이 뒤죽박죽되기 때문에 신자들이 안정할 수가 없어요. 신자들도 실망해서 교회를 등지는 경우가 생기고요.

또 쉬던 교우들이 성당에 다시 나왔을 때는 아는 사람이 있어야 포근함을 느끼는데 도대체 자기를 아는 사람이 아무도 없는 거예요. 같이 세례 받은 사람들도 이사 가고 없고, 자기를 가르쳤던 교사들이라든지 세례 줬던 신부님도 안 계시는 거예요. 그러다 보니 성당에 정을 붙일 수가 없지요.

사제도 마찬가지예요. '내가 이 본당에서 앞으로 죽을 때까지 목자다' 하는 의식이 없어요. '나도 나그네다' 이거예요. 그러니까 본당에서 어느 누구도 주인의식이 없어요. 신자도 4~5년 있으면 갈 거고 신부도 4~5년 있으면 갈 거고….

그래서 나쁘게 말해서 한 신부님한테 맘 상한 일이 있으면 적극적으로 화해할 생각을 하기보다는 '몇 년만 참자. 어차피 떠날 분인데, 그동안 다른 본당에 가서 지내면 된다' 이렇게 소극적인 자세만 취하게 되는 거예요. 만날 쉬는 교우 많다고만 말고 뭔가 교구차원에서 근본적인 변화를 주었으면 좋겠어요.

# 가톨릭잡지, 개신교신자에게 넘겨서야

예전에 〈가톨릭다이제스트〉를 직접 운영하던 때가 나로서는 여러 가지로 굉장히 힘든 시기였어요. 상봉동 주임으로 오자마자 성당 손보느라 여기저기 돈이 들어갔어요. 망우동에서도 신자들 없는 돈 끌어 모아서 성당 만들다 보니까 심신이 다 괴롭고 돈은 없어 쩔쩔맬 때예요.

또 내가 지도신부를 맡고 있던 '빈첸시오 아 바오로회'도 상당히 복잡한 문제가 있어 흔들흔들했고요. 그런데도 본당 일이 워낙 바빠서 충분히 돌보지를 못하는 상황이었지요.

빈첸시오회가 너무 열악하니까 빈첸시오를 키우고 홍보할 수 있고, 뭔가 교회에 보탬이 될 수 있는 것이 없을까 찾아보고 있는데 그 무렵 〈가톨릭다이제스트〉 사장이 명동 가톨릭회관에 있는 빈첸시오회를 자주 찾아왔어요.

그 사람의 권유도 있었지만 나도 빈첸시오회를 전국적으로 홍보도 하고, 구독자도 늘리면 이 잡지를 살릴 수 있겠다는 생각을 하고 있었어요.

처음에 〈가톨릭다이제스트〉 하시던 분이 신학교를 다녔던 사람이라 마음은 좋은데, 마케팅을 못했나 봐요. 자기가 신학교에서 교회의 은혜를 입었으니까 봉사한다는 생각으로 시작했겠지만 결국은 돈만 다 까먹고 나이도 먹고 빚만 지고… 그 양반은 경영에 대해서 몰랐어요. 믿음만 가지면 다 될 줄 알았던 모양이에요.

처음 시작할 때는 죽기 살기로 애를 썼겠지만 나중에는 너무 힘이 들고 적자가 나니까 이 잡지를 누구한테라도 넘기려고 했다고요. 그 와중에 〈가톨릭다이제스트〉를 몇몇 개신교 사람들이 인수하려고 해서 제가 그것을 막으려고 급하게 인수했던 거지요.

문공부 등록이 된 잡지니까 그 사람들이 인수해서 잡지사 상호 바꾸는 건 걱정이 없다는 거예요. 〈크리스천다이제스트〉 이런 식으로 만들려고 했나봐요. 그걸 막아야겠는데 나한테는 돈이 하나도 없는 겁니다. 신학교 있을 때 조금 있던 돈도 다 털어서 만날 신내동, 망우동 땅 사고 성당 짓는데 다 쏟아부었잖아요.

그래서 사제들에게 돈을 빌려주는 사목공제회에서 돈을 꾸어다가 당시 〈가톨릭다이제스트〉 사장한테 최소금액으로 양도해달라고 해서 내가 잡지를 인수했던 거예요.

그때 나는 '가톨릭잡지가 개신교로 넘어가면 안된다' 하는 생각과 〈가톨릭다이제스트〉가 빈첸시오회의 공보지 역할을 해주면 '빈첸시오회 활성화에 도움이 되겠다' 하는 생각을 했어요.

직원들을 그대로 인계받아서 몇 달 동안 만들어봤는데 매달 적자만 쌓이는 거예요. 공짜로 보내주어야 할 곳은 많고 들어오는 구독료는 실제 얼마 되지도 않고, 허수만 많지 실수는 적은 거라고요. 거기다가 내 돈 써가며 직원들 봉급까지 줘야 하니까. 도움은커녕 빚만 점점 더 늘어가더라고요.

그때가 나 개인으로서는 가장 힘들고 바빴던 시기였어요. 빈첸시오회 지도신부 했지요, 보육교사교육원 지도도 맡았지요, 망우동 본당은 본당대로 지하로 땅 파서 소성전 만든다고 어수선할 때라서 〈가톨릭다이제스트〉에 헌신할 수 있는 시간도, 여유도 없었어요.

그러니까 잡지를 맡길 적당한 사람을 찾아야겠는데, 마침 윤학 변호사를 생각하게 된 거예요. 윤 변호사가 그때 서울교구 평신도협의회에서 정의평화위원회 일을 했는데 젊은 사람이 뭔가 해보겠다는 열의도 있고 해서 전부터 알고 있었거든요.

그때 나는 윤 변호사한테 다 맡기고 훌훌 털어버렸지만 그 사람은 굉장히 고생을 많이 했다고요. 왜냐하면 그 당시에는 독자도 없었어요. 매 주일마다 어렵게 본당을 찾아다니면서 독자를 늘리고 해서 지금처럼 늘어났지 처음에는 꼴이 말이 아니었지요.

그게 벌써 10년이 넘은 얘기예요. 지금 〈가톨릭다이제스트〉가 정말 선한 일을 하는 사람을 찾아내고 만나서 세상에 널리 전하고 있는 것을 보면 내가 그때 결정을 참 잘한 것 같아요.


사회언론들을 보면 선정적인 것, 충격적인 것, 비참한 것만 내는데 그럴수록 〈가톨릭다이제스트〉는 세상의 아름다운 것들을 더 담아야지요!

선한 이야기를 신자 또는 비신자들한테 자꾸 알려주면 독자들도 그것을 닮아서 선해지기 마련이라고요. 그런 선한 사람들이 점점 파도가 되어서 흰물결이 되어가겠지요? 거의 망해 가던 〈가톨릭다이제스트〉가 이제는 전국 방방곡곡으로, 또 세계 여러 나라로 나가고 있잖아요.

정말 수고했는데, 더 과감하게 열린 마음으로 이 세상에 상처 난 것을 치유하고 아픈 데를 감싸주고 힘든 사람을 껴안아주는 사람들, 그런 이들의 활동을 더 자주 책에 실었으면 해요.

# 오해받는 추기경

## 팜민만 베트남추기경
### Pham Minh Man

베트남교회는 신앙의 자유를 억압하는 공산주의 통치 아래서
많은 어려움을 겪었다. 그러나 최근 베트남정부는
교황청과의 관계 개선에도 노력하고 있는데…

그 변화의 중심에 팜민만 추기경이 있다.
공산당과 원만한 관계를 유지하면 정권과 야합했다는 비난을 받고
대립각을 세웠다면 베트남 가톨릭을 지켜내기 어려웠을 것이다.

베트남 국민들을 더 풍요롭고 행복하게 만들고자 하는 꿈을
가지고 있었기에 공산정부와도 공존하는 길을 찾아내면서
가톨릭 신앙을 살려낸 팜민만 추기경의 '공존의 비밀'을 알아본다.

# 오해받는 추기경

저는 1934년에 베트남 남부 '가 마우'에 있는 한 가톨릭 가정에서 태어났습니다. 조부모님, 친척, 부모님, 형제들 이렇게 대가족이 함께 살았습니다.

마을 사람들 모두가 논에서 벼농사를 짓던 아주 시골이었어요. 할아버지도 아버지도 대대로 농사를 짓고 사셨지요. 생업인 벼농사 외에도 건어물 생산과 운송사업에도 손을 대셨습니다.

할아버지와 아버지는 일찍부터 마을 주민들의 복음전도를 위한 교육시설과 교회를 설립하고, 대축일에는 마을에 경건한 분위기를 만들려고 노력하셨습니다.

가 마우 주의 각각 다른 오지 선교시설에도 성당을 짓고 사람들에게 일거리도 주고, 교육도 시키고, 미사도 보게 하여 하느님과 함께하는 기쁨을 맛보게 하셨어요.

두 분은 사람들을 참 따뜻하게 대하셨는데 신자가정뿐만 아니라 신자가 아닌 가정도 똑같이 돌보셨습니다.

어려서부터 할아버지와 부모님이 보여주신 사랑과 베풂, 봉사는 제 삶 속으로 들어와 깊은 인상을 심어주었고, 내가 평생 사랑과 봉사의 삶을 살아가는 데 깊은 영향을 끼쳤어요. 하느님의 부르심을 보게 되었다고 할까요.

1939년 다섯 살 때, 트렁 부 디엡 신부님께서 오지 선교차 가마우에 찾아오셨어요. 두 분 신부님과 같이 우리 집에서 점심을 드시면서 내게 열 살이 되면 소신학교에 가라고 말씀하셨어요. 그리고 다음날 아침 일찍 신부님 미사에 와서 봉사하라고 하시더군요.

다음날 새벽 네 시에 어머니가 깨워 어둠이 채 가시지 않은 그 시간에 아무도 다니지 않는 길을 나 혼자 걸어서 성당에 갔어요. 어린 시절 혼자 밤길을 가면 금방이라도 귀신이 나올 것 같아 항상 등골이 오싹했는데 그날 새벽에는 두려움에 떨면서도 끝까지 갔어요.

이것이 어둠 속에서도 무서움을 이기도록 하느님이 나와 함께하시며 도와주신다는 것을 깨달은 첫 경험이었어요.

저는 여섯 살 때 학업을 위해 도시로 갔습니다. 하지만 방학 때는 아름다운 시골에 돌아가 또래 친구들과 함께 개울로 새우와 물고기를 잡으러 가기도 하고, 들판에 숨어 있는 새알을 주우러 다니기도 했습니다.

소신학교에 입학한 이듬해 온 국토가 전쟁의 혼란에 빠져들었습니다. 프랑스 지배에서 벗어나려는 제1차 인도차이나 전쟁이었지요. 다니던 신학교는 불탔고, 우리 가족도 마을을 떠나 할머니 고향으로 피난을 가야 했습니다. 그때부터 우리 온 식구는 피난민이 되어 몇 년 동안 직업도 없이 떠돌아다녔어요. 열한 살인 저도 가족의 생계를 돕기 위해 일을 해야만 했고 동생들도 돌봐야 했습니다.

1946년 2월, 가 마우 성당 신부님이 나와 다른 신학생들을 데리고 트렁 부 디엡 신부님을 찾아갔어요. 약 30킬로미터를 나룻배를 저어 강물을 따라 올라가서는 신부님과 하룻밤을 같이 지냈는데 한 달 후에 신부님은 목이 잘려 순교하셨어요. 그로부터 몇 년이 지나자 가톨릭 신자가 아닌 사람들까지도 그분을 수호성인으로 불렀어요.

전쟁을 겪으며 무서운 것들을 많이 목격했고 가깝게 지내던 이들의 죽음과 고통을 지켜보며 깊은 슬픔을 맛봐야 했지만 하느님께 실망하거나 좌절하지는 않았습니다. 트렁 부 디엡 신부님이 돌아가시자 부모님은 저를 이웃 캄보디아의 프놈펜으로 옮겨간 신학교로 돌려보내셨습니다.

그래서 1946년부터 8년 동안 저는 가족과 떨어져 프놈펜에서 공부를 했습니다. 전쟁으로 우리 가족도 다른 가족들처럼 뿔뿔이 헤어져 살아야 했습니다. 저는 처음 몇 년 동안은 부모님과 동생들을 만나러 갈 수조차 없었습니다. 전쟁통에 길을 나선다는 것은 목숨을 내놓는 것과 같았으니까요.

전쟁이 끝나고 프랑스가 물러간 1954년에야 저는 사이공의 대신학교에 갈 수 있었습니다. 하지만 우리 가족은 농토를 다 잃고 극심한 가난에 시달리고 있었습니다. 가족의 생계를 책임지기 위해 다시 신학교를 중단할 수밖에 없었지요.

나는 고등학교에서 불어를 가르쳤어요. 그러다가 1961년에야 비로소 신학교에 돌아가 다시 공부할 수 있었습니다.

1965년 꿈에 그리던 사제서품을 받고, 고향마을이 속한 간토교구의 소신학교에서 1968년까지 신학생들을 가르쳤습니다. 이렇게 어려운 시련을 통해서 나는 다시 한번 하느님께서 나와 함께하시고 시련의 시기를 극복할 수 있도록 도와주신다는 것을 체험했습니다. 그 후 미국으로 유학해 로스앤젤레스에 있는 로욜라 대학에서 행정학과 교육학을 공부했습니다. 공부를 마치고 74년까지 다시 소신학교에서 학생들을 가르쳤고요.

1976년 공산주의 정권이 들어서자 신학교가 모두 문을 닫았습니다. 신학교가 폐쇄되자 나는 신학생들을 교구로 돌려보냈습니다. 신학생들은 모두 농사짓는 일을 했습니다. 식량이 필요했으니까요.

그리고 1988년에 신학교가 다시 개교하게 되었을 때 저는 이 도시 저 도시를 뒤져 집으로 돌아간 신학생들을 불러모으고 새 신학생들을 더 모집해 그들을 가르치는 일을 다시 시작했습니다.

그러던 1993년 3월 22일, 교황 요한 바오로 2세께서 저를 미토 지역의 주교로 임명하셨고 8월 11일 서임을 받았습니다. 2003년 4월 2일 호치민 대주교로 왔고, 10월에 추기경이 되었습니다.

추기경으로 임명되었을 때 공산 베트남정부가 이를 받아들이지 않다가 몇 개월 후에야 태도를 바꿔 받아들였어요.

이전 베트남 추기경 세 분이 모두 공산정권이 통치했던 북쪽 하노이 출신이었는데 교황이 과거 비공산정권이 통치했던 남쪽

출신인 나를 추기경으로 임명하자 내게 공산정부에 대항하라는 새로운 임무를 부여한 게 아닌가 하고 오해했던 겁니다. 정부가 그런 의심을 품고 있으니 나로서는 의심을 풀어줄 필요가 있었습니다.

나는 추기경이 되어도 대주교가 입던 옷과 추기경이 입을 옷의 색깔만 바뀔 뿐 호치민시 교구장으로서의 책임과 권한은 달라진 것이 없다고 말했지요. 물론 추기경으로 승격되면 바티칸에서는 새로운 책임과 권한이 주어지지만 그 말은 하지 않았습니다. 결국 정부도 내가 추기경이 된 것을 베트남의 영광으로 받아들이고 승인했습니다.

# 공산당과의 공존 그 비밀은

7년 전 이 도시에 부임했을 때 사제와 신자들은 공산정부와 대립하고 있었습니다. 베트남 국민들을 더 풍요롭고 행복하게 하려면 가톨릭과 공산정권이 공존해야 한다는 생각을 가진 저에게는 가장 큰 문제가 아닐 수 없었지요.

저는 사람들에게 예수님께서 하셨던 예를 들어 말했습니다. 예수 그리스도께서는 한밤의 기도를 끝내시고 열두 명의 제자와 함께 있었습니다. 그 열두 명 제자 중 한 명이 관원에게 가서 예수를 팔아넘겼습니다. 그러나 다른 제자는 예수가 죽은 후에 관원에게 가서 예수의 몸을 넘겨달라고 부탁했습니다.

이처럼 세상에는 각양각색의 사람이 있습니다. 그런데 예수는 그 어떤 사람도 배척하지 않았습니다. 자신을 팔아넘긴 유다까지도.

예수님이 사마리아인들에게 냉대를 받았을 때 야고보와 요한 제자는 예수께 그들을 태워버릴 힘을 달라고 했습니다. 이처럼 우리는 보통 어떤 사람이 나에게 적대적이면 우리도 그를 적대적으로 대합니다.

그러나 이것은 그리스도의 방식이 아닙니다. 그리스도는 모두에게 생명을 전해주러 오셨습니다. 그리스도는 감정적으로 대응하지 않고 선의에 따라 행동하셨습니다. 그래서 저는 '그리스도께서는 이런 경우 어떻게 하셨을까'를 묵상하며 그리스도의 방식을 따르려고 노력했습니다.

바로 이것이 제가 하는 방식입니다. 공산정권에 대해서건 비신자에게건 저는 그리스도가 하신 대로 일을 하고 기도를 하고 사목을 합니다. 이런 방식이 차츰차츰 사람들을 하나로 묶어주었습니다. 기독교인이든 불교도든 세상은 누구에게나 똑같은 세계입니다.

세상에는 흑도 백도 있지만 궁극적으로는 하나입니다. 언덕 아래에서 세상을 바라보면 세상은 두 개로 나뉘어 있지만 언덕

꼭대기에서 보면 하나입니다. 제 기도에는 이런 생각이 들어 있습니다.

교황께도 말씀드렸는데, 많은 추기경들이 저에게 공산주의 체제하에서 겪는 어려움과 문제점에 대해 묻곤 합니다. 사실 베트남 공산화 직후 신부들은 수감되어 세뇌교육을 받았고 교회 재산은 몰수되기도 했습니다. 그러나 저는 이곳에는 그런 어려움도 있지만 성령의 힘으로 너무나 많은 일들이 진전되고 있다고 알려줍니다.

여기 호치민시에 있는 우리 교회는 아직 가난합니다. 이곳에는 도미니코 수도회, 프란치스코 협력회 등 많은 자선단체 말고도 23개의 평신도 단체가 있어요. 레지오 마리애도 있었고요.

전에는 아주 활발했지만 공산주의가 들어서면서 지난 20년에 걸쳐 이런 단체들이 사라지게 되었습니다. 매우 안타까운 일입니다.

하지만 지금 호치민시에는 의사, 교사, 예술가, 사업가, 국회의원 등으로 이루어진 가톨릭 단체들이 있어요. 이 한 도시에만 3백 개나 되지요. 이들은 믿음을 실천하기 위해 서로 모여서 돕고 있습니다. 또한 30명의 성직자 자원봉사자들과 24개의 평신도 모임이 AIDS 환자를 돌보는 일에 앞장서고 있습니다. 그리고 우리는 피정도 많이 합니다.

어떻게 이 모든 일이 가능하겠습니까? 제가 나서서 한 일이 아닙니다. 오직 성령의 뜻으로 가능한 것입니다. 저는 새로 즉위하신 교황께도 말씀드렸습니다. 추기경도, 교황도 이런 일을 해낼 수는 없다고 말입니다.

저도 예수님이 겟세마니 동산에서 피와 땀을 흘리며 기도하셨던 때처럼 고통스러웠던 때가 있었어요. 하나는 베트남전 당시에 여기저기 여러 번 피난을 다녀야 했던 때지요. 저희 가족은 전쟁 통에 고향을 떠나 이곳저곳 전전해야 했습니다. 당장 내일 무슨 일이 벌어질지 모르는 암울한 상황이었지요.

또 한 가지를 말하자면, 교황께서 저를 이곳에 임명하셨을 때입니다. 저는 29년간 신학교에서 학생들을 가르쳤기 때문에 이곳 사람들에 대해, 그 밖의 것에 대해 아는 것이 없었습니다.

어찌해야 할지 막막해서 처음 1년간 매일 서너 곳의 교회를 방문했습니다. 호치민시에만 2백여 개의 교회가 있고 60여 개의 가톨릭 집회가 있어서 일주일 내내 하루도 빠짐없이 그들을 방문했습니다. 제가 무엇을 해야 할지, 상황이 어떤지 몰랐기 때문에 그렇게 하지 않을 수 없었습니다.

그렇게 1년이 지난 어느 날 주교 몇 분이 저를 찾아왔습니다.

제가 아직 살아있는지 보러왔다더군요. 내가 어떻게 여태 살아 있는지 모르겠다고 했더니 그들이 말하길 모두가 저를 위해 기도하고 있다는 것이었습니다. 결국 그들의 기도 때문에 제가 산 셈이지요.

그때부터 상황이 호전되기 시작했고 23개의 평신도 단체가 재건되었으며 우리 신학교는 2백 명도 넘는 학생들로 가득 차게 되었습니다. 지금은 250명이나 되는 학생들이 입학을 대기하고 있습니다. 신학교에 입학하려면 2년에서 8년은 기다려야 합니다. 의사, 변호사, 기술자가 되는 대학과정을 졸업하고 나서도 다시 신학교에 입학하려는 학생들이 많습니다.

몇몇 학생들에게 해외선교사가 되면 어떻겠냐고 물어본 일이 있습니다. 그들은 "저는 베트남에서 사목활동을 하고 싶습니다"고 대답했습니다.

그들이 사제가 되려는 이유는 성령이 아실 겁니다. 성령이 하시는 일이니까요. 제가 하는 일이 아닙니다.

학생들은 아직도 정부 허락이 없으면 신학교에 입학할 수 없습니다. 우리가 운영 중인 신학교는 매년 25명의 학생을 받는데, 정부는 그중 다섯 명 정도에게 입학을 불허합니다. 교회에 대한 영향력을 과시하기 위해서지요.

하지만 우리는 이제 신부들을 미국, 유럽, 아시아 등지로 유학 보낼 수도 있습니다. 나는 신학교 학생들에게 "우리에겐 유럽의 지성주의, 미국의 실용주의, 그리고 아시아의 혼이 필요하다"고 강조하고 있습니다.

베트남 가톨릭은 고난과 박해 속에서 성장해왔어요. 50년 동안 박해의 고통 속에 있던 30만 명의 신자들은 1883년에야 비로소 프랑스에 의해 신앙의 자유를 얻었습니다. 117명이나 되는 베트남의 시복 순교자들은 대부분 이때 순교한 분들입니다.

1954년에 가톨릭 신자 수는 북쪽이 110만 명이었고, 남쪽이 48만 명이었습니다. 하지만 북측 공산정권의 탄압을 피해 65만여 명의 가톨릭 신자들이 남쪽으로 이동했고 남쪽 지역 교회는 전쟁기간에도 계속 성장했습니다.

남쪽에도 공산정권이 들어선 1975년 말 이후 정부는 교회재산을 몰수하고 신학교를 폐쇄하고 종교를 탄압했기 때문에 바티칸과의 거리는 멀어질 수밖에 없었습니다.

그래도 주교들은 가톨릭교회에 대한 정부의 완고한 정책을 완화시켜줄 것을 끊임없이 요청했고 그 결과 정부는 정부의 통제를 벗어나지 않는 선에서 신앙의 자유를 조금씩 허용해왔습니다.

그러다가 2007년 1월 25일, 응웬 탄 둥 베트남 총리가 베트남 지도자로는 처음으로 교황청을 방문해 교황 베네딕토 16세를 만나 교황청과 베트남간 관계정상화에 대해 폭넓은 대화를 나눔으로써 바티칸과 베트남정부는 32년 만에 화해를 했습니다. 금년 중 베트남정부 대표단이 교황청을 방문하고 대통령이 교황을 알현할 계획을 가지고 있고 내년에는 교황의 베트남 방문도 기대하고 있습니다.

　아직은 신학교 설립과 신학생 등록, 종교강의와 학술회의 개최, 종교시설 신설, 성직자 서품과 임명 등 교회운영 전반에 걸쳐 정부의 승인절차를 거쳐야 합니다.

　종교활동에서는 제약을 받고 있지만 우리가 병원운영 등 복지서비스 강화에 주력한 덕분에 사회적 지지기반은 탄탄합니다. 우리는 2백여 명의 가톨릭 신자 의사를 확보하고 있으며, 가톨릭 신자 중에 호치민시에 민간병원을 지을 수 있을 만큼 부유한 비즈니스맨들이 많습니다. 해외동포신자들도 기여를 원하고 있고요.

　이곳 베트남처럼 중국도 공산체제 아래 있잖아요. 그런데 베트남은 1970년대에 내전으로 두 나라로 갈라졌는데도 교회가 하나로 유지되었지만 중국은 한 나라인데도 중국정부로부터 승인받은 공식교회와 로마교황청으로부터 승인받은 지하교회 이렇게 두 개의 교회가 존재하지요. 중국교회도 로마교황청의 인정을 받으려 했지만 성공하지 못했어요. 중국은 너무나 큰 나라여서 교회도 하나가 되기에는 쉽지 않았을 거예요. 그러나 베트남은 중국보다 작은 나라여서 쉽게 하나의 교회로 뭉칠 수 있었지요.

보편교회인 로마가톨릭교회는 공산주의자를 배척하지 않습니다. 이런 사상이 우리를 하나로 만드는 기초였어요.


2005년 4월, 추기경들이 로마에 모여 새로운 교황의 선출을 준비할 때, 세계교회의 현황 및 선교에 대한 보고가 있었습니다. 그때 교황청 인류복음화성성聖省 장관이셨던 크레션지오 세페 추기경은 베트남 가톨릭교회에 대해 짧은 문장으로 이렇게 발표했습니다.

"베트남교회는 많은 어려움과 도전에 직면해있다. 그러나 베트남교회는 역동적이고 활기차다"

그 후, 많은 추기경들이 나에게 그 문장을 설명해줄 것을 요청했는데 그럴 때면 저는 다음과 같이 설명합니다. 베트남교회가 겪은 '어려움과 도전' 이것은 무엇을 말하느냐? 베트남교회는 30여 년간 공산주의 통치 아래서 많은 변화를 겪었습니다.

어떤 때는 교회가 국가의 적이나 원수로 인식되었고, 어떤 때는 범죄집단처럼 여겨졌고, 그 후에는 국가에 '구걸해서 받아내는' 거지처럼 여겨졌지만 지금까지 이렇게 버텨왔습니다.

이런 상황에서 어떤 사람들은 교회 때문에 신자들이 무서운 고통을 받았다고 생각할 것입니다. 그러나 많은 신자들은 그리스도의 이름으로 박해를 받았다는 사실 때문에 오히려 평화를 느낍니다.

'역동적이고 활기찬 교회' 이것은 베트남사회와 신자들 가슴 속에 성령이 현존하고 활동하고 있다는 증거입니다. 성령의 은총 덕분에 수많은 가톨릭 가정들이 사랑과 생명의 성전이 되고, 신앙의 첫 학교가 되며, 물질주의와 쾌락주의의 유혹 앞에서 자녀를 보호할 수 있었습니다.

자본주의의 폐해, 낙태를 허용하는 '죽음의 문명'의 위협 앞에서도 가톨릭 가정들은 구원의 핵심으로서 그리스도 복음의 가치를 이해하고 하느님의 나라가 널리 퍼지도록 돕는 새로운 공동체가 되어가고 있습니다.


베트남 가톨릭은 프랑스 식민지시절에 성장한 종교라서 식민지 유산으로 '청산'의 대상일 수도 있었지만 지금은 아시아에서 가톨릭 신자가 많은 국가로 손꼽힙니다.

이처럼 베트남 가톨릭의 성장에 대해서는 한마디로 설명하기 어렵습니다. 어쩌면 이런 이유도 있겠지요. 대체로 베트남 사람들은 기질적으로 강한 신앙심을 갖고 있습니다.

베트남에 가톨릭교회는 250개에 불과하지만 불교사원은 3천 개나 있어요. 베트남인은 전통을 매우 존중하는데 그 뿌리는 조상숭배에 있습니다. 공산주의자들도 가정에 조상을 기리는 제단을 두고 있지요.

가톨릭도 조상숭배를 장려합니다. 2차 바티칸 공의회 이후 베트남 주교들은 조상숭배를 유지하라는 교서를 발표했어요. 조상숭배! 어찌 됐든 가장 높으신 '조상'은 하느님 아닙니까!

# 더 이상 난민이 아니다

서구의 사고방식, 특히 미국의 생활방식은 실용적이고 물질적입니다. 과학문명과 무신론문명에서 나온 이 생활방식은 이혼의 자유, 낙태의 자유를 불러와 사회를 뿌리째 흔들어놓았습니다. 미국교회가 살려면 이런 방식을 빨리 수정해나가야 합니다. 많은 어려움도 따르겠지만 가톨릭의 가르침과 성서의 가치관을 따르고 서로 힘을 모아 세계의 교회와 잘 결합해야 할 것입니다.

아시아의 가톨릭과 서양의 가톨릭은 우선 문화가 다르지요. 특히 천국과 지상 간의 조화, 인간과 인간 간의 조화에 대한 인식차이가 있다고 봅니다. 베트남은 원래부터 농업사회여서 자연과 인간 사이에도 조화가 있어야 한다고 믿습니다.

예수도 천당과 지상을 조화롭게 함으로써 인간들에게 평화를 가져오지요. 베트남 가톨릭은 원죄를 강조하기보다는 지상에 내려와 우리가 더욱 풍요로운 삶을 살 수 있도록 해준 예수를 존경합니다. 그래서 이곳 사람들은 가톨릭 신자가 될 때 자신들이 개종한 것이 아니라 단지 전에 믿던 종교를 완성하는 것이라고 말하곤 합니다.

자본주의 물결은 이미 아시아를 덮쳤습니다. 자본주의를 받아들인 중국의 영향력이 점점 커지고 있으며 베트남도 시장개방이 이뤄지면서 물질주의, 상대주의라는 반가톨릭적인 정서가 우리의 피부에 느껴질 정도로 위세를 떨치고 있습니다. 이런 상황에서 교회의 역할이 더욱 중요하지요.

물질주의 사회에는 '죽음의 문명'이 팽배해있기 때문에 교회는 '사랑의 문명'을 만들어야 합니다. 가족들과 단체들을 단합시키고 사랑하는 인류를 만드는데 앞장서서 새로운 인류공동체를 만들어야 합니다.

사회적인 선거나 종교적인 선거에서 투표할 때에는 누가 모든 사람들에게 진실하고 더 나은 삶을 가져다줄 것인지 모두들

침착하게 생각할 필요가 있습니다. 동시에 누가 교회에 더 좋은 결과를 가져다줄 수 있는지 잘 생각해야만 합니다. 우리는 어떤 선거의 결과라도 하느님의 뜻이라고 받아들입니다.

선출된 사람도 그것은 하느님의 뜻이고 포도원에 그를 부르셨다고 믿어야 합니다. 하느님께서는 선출된 자에게 승천한 그리스도의 평화와 기쁨을 모든 사람에게 나누어주라고 하십니다.

베트남 신자들이 직면한 도전은 공산치하에서 살고 있지만 평화로운 마음을 지키는 것과 탐욕, 격노를 멀리하는 것이라고 할 수 있습니다. 교회와 하느님의 말씀에 충실하게 사는 것이지요. 비록 일반적인 사회의 추세와 다르다 할지라도 신자들은 사랑과 평화, 인내와 협동, 진리와 정의 안에서 살아야 합니다.

'증오의 문명' 곧 전쟁, 테러, 무관심의 감정을 탈피해서 '사랑과 생명의 문명'을 보급해야 합니다. 우리는 그것에 도전하고 있습니다.

대체로 나는 신자들에게 우리를 구원하시고자 하는 하느님 말씀에 따라 살라고 격려해왔고, 편견 없이 상대방을 존중하고 인정하라고 말해왔습니다.

예수님의 제자들은 대체로 성령을 받기 전에는 탐욕스럽기도 했고 감정에 따라 행동했습니다. 그러나 예수님은 온전히 하느님 아버지의 뜻을 따르고, 하느님의 사랑과 구원에 따라 행동하셨습니다. 모든 그리스도인들은 그런 예수님의 모습을 본받고 하느님의 큰 사랑의 증인이 되어야 합니다. 제가 사제들에게 주는 가르침은 그런 것들입니다.

몇 권의 책도 나의 삶과 신앙에 깊은 영향을 끼쳤습니다. 첫 번째로 〈2000년이 지난 후〉라는 책입니다. 클라우드 로버트 S.J.가 쓴 예수의 일대기인데 1953년부터 나는 이 책을 여러 해 동안 묵상자료로 사용하다가 1976년에 번역했지요.

사람들은 이 책이 베트남어로 출간된 것을 아주 기뻐했고 이 책이 일상생활에서 예수를 만나는데 많은 도움이 된다고 말합니다.

두 번째 책은 〈아기 예수의 성 데레사 자서전〉입니다. 1960년에 베트남어로 번역 출간되었습니다.

이 책은 각양각색의 사람들이 신앙생활을 해나가는데 새로운 지평을 열어주도록 영감을 줍니다. 일상생활 속에서 새롭게 복음을 실천하는 방법을 모색하는 성경교사, 신앙교육을 심리학적으로 접근하고자 새로운 방법을 모색하는 종교교육자, 명상을 통해 일상생활 속에서 새로운 길을 모색하는 명상지도자들에게 깊은 깨달음을 줍니다.

마지막으로는 〈최고의 교리〉입니다. 휴버트 베노잇 박사가 쓴 책으로, 저자는 삶에서 생기는 스트레스와 근심걱정을 벗어나 일상생활에서 명상을 실천했던 자신의 경험을 나누고 있습니다. 1986년에 내가 베트남어로 번역했지요. 이 책은 많은 사람들이 자신의 스트레스를 이겨낼 수 있도록, 그리고 자신의 마음 안에서 평화를 찾을 수 있도록 도움을 줍니다.

2004년까지만 해도 나는 주교들을 우리 집에 초대할 수 없었지만 이젠 가능합니다. 성직자로서의 제 여정은 어려움, 핍박, 시험들로 가득했습니다. 그러나 항상 제 인생에는 하느님의 은총과 사랑이 충만했고 가족과 친척들의 격려와 기도 덕분에 장애를 이겨낼 수 있었습니다.

전쟁과 공산치하에서 30년 이상을 보냈지만 저는 아직도 일상생활에서 많은 박해와 상실과 빈곤을 만나고 있습니다. 그러나 저는 성령의 현존을 믿기에 처음부터 성령의 사랑과 '특별한' 보호를 느껴왔습니다.

고난은 저를 강하게 했습니다. 우리 인간에게는 하느님의 사랑이 필요하다는 사실, 가족들에게는 예수님의 평안이 필요하다는 사실, 성서의 가치관이 사회 안에 씨 뿌려지고 뿌리내리고 퍼져나가야만 한다는 사실을 더 깊이 이해하고 확신하게 했습니다. 저는 성실, 정의, 포용력, 사랑, 협동, 단결과 평화 이런 가치관들이 인류의 발전을 위한 기초가 되어야 한다는 걸 배웠습니다.

어떤 측면에서는 고난과 시련 때문에 성령의 현존을 느끼고, 성령의 활동은 가톨릭교회 성장의 밑거름이 되어줍니다. 성령의 활동으로 가톨릭 신자들은 하느님의 부르심을 받게 되어 평신도로, 수사로, 성직자로, 활동을 하게 되는 것입니다. 저도 그런 경우이고요.


해외에 있는 베트남계 가톨릭공동체도 방문하고 있습니다. 지난달에는 25개의 공동체를 방문했는데 그들에게 "이제 당신들은 더 이상 난민이 아니다, 복음을 전하는 사도다" 이런 메시지를 전하고 왔습니다.

한국에도 갔습니다. 추기경 되기 직전인 2003년 7월에 부산교구를 방문했지요. 베트남교회로서는 그때가 첫 공식적인 한국방문이었습니다. 부산 남천성당, 부산가톨릭대학교와 평화방송을 둘러봤습니다. 메리놀 병원에 가보니 베트남보다 앞선 첨단시설이 부럽고 관심이 많이 갔어요.

귀국길에는 서울에 들러서 베트남 공동체를 만났습니다. 2006년 3월에도 서울에 가서 베트남 근로자들과 미사를 함께

했습니다. "이국땅에서 열심히 신앙생활을 하는 걸 보니 기쁘고 감사하다. 어려운 여건이지만 삶 안에서 우리와 함께하시는 하느님을 발견하길 바란다"고 말해주었지요.

정진석 추기경도 만나서 우리 베트남 근로자들에 대한 사목적 배려를 부탁드렸고요. 저는 한국분들과 자주 만납니다. 얼마 전에는 이곳 호치민시에 있는 한국인 공동체의 견진성사를 집전했지요.

제가 한국에 갈 때마다 김수환 추기경을 찾아뵈었지요. 2004년 2월에는 제가 이곳 호치민으로 김수환 추기경을 초청했습니다. 호치민대교구를 둘러보시고 호치민 한인천주교회를 방문하셨지요. 귀국하셔서는 서울의 가톨릭노동사목회관에서 베트남 공동체의 미사를 집전해 주셨어요. 한국에 살고 있는 베트남 근로자들이 아주 좋아했지요.

나는 한국에서 두 가지 아름다운 경험을 하면서 배운 게 있습니다. 일본과 한국 모두 경제적으로, 기술적으로 그리고 인도적으로 높은 발전을 이룩하였습니다. 그러나 한국에서는 종교가 발전하고 있는데 일본에서는 그렇지 않더군요. 한국의 한 지성인이 한국사람들은 하느님을 믿고 자신들이 가진 것은 바로 하느님의 선물이라는 것을 믿기 때문이라고 말했습니다.

그리고 현대자동차 공장을 방문했을 때 거기 사람들에게 물어보았습니다. 현대자동차는 미국, 프랑스, 영국, 독일, 일본의 차보다 한참 뒤에 생겨났는데 어떻게 살아남았으며 또 발전하였느냐고. 그분들이 대답하기를 한국사람들은 주로 한국차를 탄다고 말했습니다.

나는 그것이 한국을 물질적으로, 지적으로 그리고 정신적으로 발전시킨 한국사람들의 애국심이라고 이해했습니다. 그런 한국사람들의 애국심이 언젠가 남북한을 통일하여 하느님 아버지를 믿는 하나의 국민으로 만들 것입니다.


추기경으로서 오해를 받기도 하고, 거기에서 비롯되는 여러 괴로움이 있습니다. 하지만 그런 괴로움을 이겨내기 위해서는 인내심을 가져야 한다고 말하고 싶습니다. 저는 교황께도 그렇게 말씀드렸습니다.

베트남에 살고 있는 우리들은 다른 나라 사람들과 같은 운명을 타고났지만 사는 것은 다르게 살고 있지요. 유럽이나 미국에서는 고난이 닥쳤을 때 자선단체의 도움을 많이 받을 수가 있지만 베트남에서는 그런 도움을 거의 받을 수 없습니다. 따라서 우리는 희망의 힘으로 고난을 이겨내야 합니다.

희망을 살아내려면 인내할 줄 알아야 합니다. 그래서 사람들

이 나를 오해할 때 나는 인내를 가지고 기다리지요. 언젠가는
내가 하는 일을 모두 이해하게 될 것이라는 희망을 가지고.

스페인에서 일본으로 돌아와서 6개월 동안
일본 '예수의 작은형제회' 수사들하고 같이 살았습니다.
스페인의 파블레떼에서처럼 오후 2시까지는 동경 중앙어시장에서
생선배달을 하고 그 남은 시간은 기도하는 생활을 했지요.
1974년 귀국해서 사제서품을 받았습니다.
만 3년을 공부하고, 1년 동안 스페인으로, 알제리로, 다시 일본으로
돌아다녔어요. 다른 신학생들은 체험하지 못한 삶을 살아본 것이지요.

그때는 실제체험 없이 공부만 하면 막 숨통이 막혀
그렇게 할 수밖에 없었어요. 서양사람들이 진리를 그냥 머리로만
받아들이고 있다는 느낌이 들었거든요. '머리로야 좋은 것을
다 이해하지만 몸으로는 전혀 실천을 못하고 있는데,
그런 상태로 사제품을 받아봐야 과연 얼마나 제대로 살 것인가.
조금이라도 뭔가 복음적인 삶을 살아야 나중에
사제 흉내라도 내지 않겠는가' 그런 생각이었어요.

신부들 못살게 구는 역할 맡았죠 김우일 주교

사제서품식은 히티사우 본당에서 하기로 했어요.
우리도 사제서품식을 크게 하지만 거기는 그 마을 전체의 축제예요.
2천 명이 들어가는 대성당이 그날 오랜만에 꽉 찬 거예요.

첫 미사의 미사곡이 모차르트의 대관미사곡이에요.
그 조그만 성당에서 오케스트라까지 갖춰서 했어요. 본당신부님이
"이렇게 잘할 줄 알았으면 방송국을 초청하는 건데…" 하며
아쉬워하셨죠.
파이프오르간이 울리고 성호경을 긋고 짧게 인사말을 하는데
갑자기 어머니 생각이 나가지고 한 2~3분 미사를 못 드렸어요.
그걸 보고 그곳 사람들이 다 울었지요.

그 재능을 왜 세속적인 데 써요? 김정남 신부